CLAUDIA WENGENROTH

Dort, wo die Zeit entsteht

CLAUDIA
WENGENROTH

Dort, wo die Zeit entsteht

ROMAN EINER SELBSTFINDUNG

Diederichs

Sollte diese Publikation Links auf Webseiten Dritter enthalten, so übernehmen wir für deren Inhalte keine Haftung, da wir uns diese nicht zu eigen machen, sondern lediglich auf deren Stand zum Zeitpunkt der Erstveröffentlichung verweisen.

MIX
Papier aus verantwortungsvollen Quellen
FSC® C014889

Verlagsgruppe Random House FSC® N001967

Neumarkter Str. 28, 81673 München
Umschlag: zero-media.net, München
Umschlagmotiv: © Millenium / Amat Guillaume / plainpicture.com
Satz: dtp im Verlag
Druck und Bindung: Friedrich Pustet GmbH & Co. KG, Regensburg
Printed in Germany
ISBN 978-3-424-35113-2
www.diederichs-verlag.de

Dieses Buch ist auch als E-Book erhältlich.

Für Rika

Niemand, nicht die Dörfler aus dem Tal, nicht die Besucher aus der Stadt, niemand weiß, was die Hütte bewacht. Geduckt, geduldig und listig hockt sie am Hang.

Jeder, der suchen kommt, vergisst, dass er sucht, sobald er in die Nähe der Hütte gelangt. Einzig die alte Irmelin kann sich der Hütte nähern, ohne zu vergessen.

Sie sucht nicht.

Woche um Woche kommt Irmelin herauf zur Hütte und macht dieselben Handgriffe wie immer. Sie kommt herauf und öffnet alle Fensterläden, die Fenster selber und die Türen. Danach steht sie in der Kammer mit dem Bett, dann im großen Raum mit dem gusseisernen Herd, der mit Holz befeuert wird und die ganze Hütte heizt, und betrachtet alles. Sie sieht hinter die Tür in das Klo, was vor vielen Jahren noch ein Häusl war, das nur draußen seine Tür hatte. Damals musste man die Hütte verlassen, wenn man zum Klo wollte.

Jetzt ist es noch dasselbe Plumpsklo, ist aber nach einem Umbau durch eine Tür von der Wohnstube zu erreichen.

Irmelin betrachtet alle Räume immer in der gleichen Reihenfolge und prüft, ob alles so ist wie beim letzten Mal, und fegt den Staub aus Kammer, Zimmer, Klo und dem schmalen Flur. Danach sitzt sie einige Minuten auf der Bank vor der Hütte. Sie schaut zum Waldrand und lässt die Hütte hinter sich durch die offenen Fenster und die offene Tür Luft holen. In letzter Zeit muss sie sich, wenn sie sich wieder erhebt, beim Aufrichten auf den Oberschenkeln abstützen.

Der Fußweg hier herauf zur Hütte bereitet ihr kaum Mühe. Nur, wenn sie eine Zeit auf der Bank sitzt, nachdem sie alle Arbeiten erledigt hat, fällt ihr das Aufstehen schwerer als früher. Ansonsten sind die Handgriffe seit jeher dieselben. Woche um Woche, Monat für Monat, seit Jahren. Hat sie eine Weile auf der Bank gesessen, erhebt sie sich immer nach genau der gleichen Zeit, ohne dass sie dafür auf eine Uhr sehen muss, schließt Fenster und Läden sowie Türen sorgfältig wieder und verlässt die Hütte.

Im Herbst stapelt sie Feuerholz in den Gang. Damit es getrocknet ist, wenn im Winter die Städter kommen, was jedoch immer seltener geschieht.

Die Städter vergessen nicht nur, dass sie suchen, wenn sie die Nähe der Hütte erreichen, sie scheinen die Hütte selber zu vergessen. Sommers wie winters. Und bleiben also weg.

Die alte Irmelin vergisst nicht. Sie sucht nicht.

Die Hütte kennt sie.

Die Städter sind die Besitzer der Hütte. So steht's in den Papieren. Die Hütte ist älter als die Papiere, wie auch der Berg. Natürlich gehört die Hütte tatsächlich dem Berg und dem Wald. Kaum noch jemand weiß das. Die ganz Alten im Tal wissen es, und sie meiden die Hütte. Wie auch den Hof der Irmelin, der für sie zur Hütte gehört.

*

Ein junger Wind streicht das Tal hinauf. Kalt schiebt er Wolken vor sich her, streicht über das Dorf. Noch hat er längst nicht die Kraft, Gesichter rot zu beißen. Wohl aber erschreckt er die Katzen, die im Nachweihnachtswinter hocken und lässt sie unwillig die gewohnten Plätze verlassen. Er fährt durch den ersten Schnee und weht durch die Waldbäume am Berg. Der Wind sieht das Dorf im Tal, weht die Straße den Hang hinauf bis hin zum Waldrand, weiter bis zum Hof der Irmelin und weiter über schmaler werdende Forststraßen und Wege und über dichter stehende Waldbäume, der Oberlandleitung folgend, bis hin zur Hütte und weiter darüber hinaus.

Dieser Wind ist nicht ihr Vorbote, aber er weiß die dunklen, großen, alten Winde hinter sich.

*

Irmelin steht in ihrer Küche, macht zwei schnelle Schritte mit dem heißen Topf in der Hand vom Herd zum Spülstein und gießt das Wasser aus dem Topf; fischt mit einer Gabel die beiden Kartoffeln und legt sie auf ihren Teller; zerdrückt sie, sodass es aus dem gelbgaren Inneren dampft, und zerreibt mit der Gabel einige Flocken Butter darauf. Sie streut eine zwischen den Fingerkuppen zerriebene Prise Salz darüber und trägt den Teller zum Tisch, um zu essen.

Während sie die heißen Kartoffeln bepustet und dann sehr vorsichtig zerkaut, denkt sie über das schwere, dumpfe Aufwachen heute Morgen nach. Diese Schwere kennt sie, allerdings setzt sie diesen Winter viel zu früh ein. Die Nächte, die älter sind als alle anderen im Jahr, haben zwar begonnen, aber noch sind sie milde.

Seit einigen Nächten träumt sie, immer wieder denselben Traum. Davon wacht sie morgens wie benommen auf. Das ist ihr lästig. Jeden Morgen schüttelt sie sich und wendet sich ab von der Nacht und dem Traum.

Dabei weiß sie, es wird so nicht gehen, es wird mit Abwenden nicht getan sein. Solche Träume kennt sie. Das ist kein kleiner, störender, in den Schlaf eingeschlichener Traum. Es ist einer von denen, die wollen, dass sie hinhört. Einer, der sich nicht vertreiben lässt, auch wenn sie es hartnäckig versucht. Vergraben wollte sie den Traum, in ein Eigelb verrühren und unter die Erde mischen. In ein Holz sprechen und im Herdfeuer verbrennen wollte sie ihn. Sie weiß viel darüber, wie kleine, störende, lästige Träume wieder loszuwerden sind. Eigentlich sind all diese Wege, von denen sie weiß, zuverlässig. Allein diesmal ist sie sicher: Es wird so nicht gehen. Das Wissen aus dem Traum, der Traum selber, wird sich nicht abschütteln lassen. Auch nicht, wenn sie es anders will.

Jede Nacht träumt sie ihn. Auch wenn sie ihn nicht beachten will und jeden Morgen mit trotziger Mühe wieder vergisst. Er wird wiederkommen, bis sie ihm Aufmerksamkeit schenkt.

Irmelin seufzt, pickt eine Kartoffel auf ihre Gabel und lässt zu, dass sie sich erinnert.

Und da weiß sie es.

Es ist jemand auf dem Weg zur Hütte.

Die Hütte scheint einverstanden.

Irmelin ist misstrauisch.

Am nächsten Morgen hat der Traum sie in Ruhe gelassen. Die Hafergrütze mit Salz und Butter liegt ihr warm im Magen. Die Küche ist aufgeräumt, ihre Kammer auch. Über Nacht ist frischer Schnee gefallen. Bald wird er noch dichter, und der Weg ins Dorf hinunter wird beschwerlich werden. Besser ist, sie muss ihn in nächster Zeit nicht gehen. Also muss sie sicher sein, dass alles, was sie brauchen wird, hier oben ist.

Mit einer Lampe in der Hand steigt sie in den Keller, dessen Treppe vom Hof aus nach unten führt, und begutachtet ihre Vorräte.

Irmelin sieht auf die Kiste mit den Kartoffeln. Leuchtet sie mit der Lampe aus und schnaubt besorgt. Kaum den halben Winter werden sie ausreichen. Es sind einfach zu wenig. Müßig zu überlegen, woran es gelegen hat. Sie wird im nächsten Jahr das Feld wohl an einer anderen Stelle anlegen müssen. Nie war die Ernte so kläglich. Die Erde des alten Feldes scheint müde.

Schlecht aufgepasst hat sie beim Anlegen des Feldes. Oder sie war einfach faul gewesen und hat sich nicht nach einem neuen Platz umgesehen. Sie hätte die Erde vorbereiten müssen. Doch sie hat einfach das alte Feld der letzten Jahre benutzt. Das hätte ihr nicht passieren dürfen. Ist ihr aber passiert. Jetzt sind es zu wenig Kartoffeln, und sie wird welche nachkaufen müssen, diesen Winter. Sie kann sich nicht erinnern, dass das je nötig gewesen wäre.

Der Weg ins Dorf ist ihr nicht angenehm. Lästig ist die Anstrengung, und es ist ihr nicht angenehm, Tal und Dorf zu erreichen und denen da unten zu begegnen.

Wenn sie sich dem Tal zuwendet, ist der Weg ins Dorf zu sehen. Es wäre tatsächlich eigentlich nicht weit, und doch macht sie den Weg nicht gern. Sie sieht nicht einmal gern hinunter. Als würden das Dorf und die Welt dahinter verschwinden, wenn sie sie nicht ansieht.

Wenn es sich doch einmal nicht vermeiden lässt und sie im Dorf Erledigungen machen muss, ist sie bemüht, sich schnell auf den Heimweg zu begeben. Wenn sie dann auf dem Rückweg den Hang zu ihrem Hof hinaufsteigt und auf der Schotterpiste, die irgendwann zum Forstweg wird, den Wald betritt, fühlt es sich an, als wären das Dorf und die Welt hinter ihr nicht mehr da. So ist es richtig und gut. Als wäre sie mit einem Mal weit weg, allein für sich und sicher.

Denen aus dem Dorf geht es wohl ähnlich, wenn sie an den Hof der Irmelin und den Berg denken. Höchst selten findet mal einer den Weg zu ihr. Das war schon so, als sie noch mit ihren Eltern hier lebte.

Die Welt des Dorfes bleibt vor dem Berg.

Wann immer Irmelin sich dem Hof zuwendet, die Schotterpiste im Rücken, schließt sich der Wald hinter ihr wie ein Vorhang. Dorf und Wald wenden sich voneinander ab.

Und die Hütte? Die Hütte geht das Dorf nichts an. Die Hütte gehört dem Berg und dem Wald.

Ins Dorf will Irmelin also nicht hinunter, aber sie braucht Kartoffeln, bevor der wirkliche Schnee kommt. Also steigt sie aus dem Keller wieder nach oben und geht in ihre Wohnung. In der Küche steht das Telefon.

»Ich brauch Kartoffeln, zum Einlagern.«

Schweigen am anderen Ende der Leitung, wohl Erstaunen.

»Kein gutes Jahr?«

Irmelin hat sich nicht mit Begrüßungen aufgehalten, warum sollte der Krämer es tun.

»Hmm, vielleicht. Vielleicht auch kein guter Platz.«

Sie hört ihn nicken.

»Hab die vom Großbauern hier.«

»Sind recht.«

Sie antwortet schnell. Er sagt einen Preis, sie ist einverstanden.

»Ich schick den Sohn damit rauf zu dir.«

Auch das ist ihr recht. Irmelin murmelt ein Danke und legt auf.

Noch am späten Vormittag, eher, als sie es erwartet hätte, hört sie den grünen Kastenwagen den Weg heraufknattern, lange bevor sie ihn sehen kann. Der Krämersohn lenkt den Wagen auf den Hof. Der Motor klingt hier oben nicht mehr so angestrengt wie auf dem ansteigenden Forstweg, und erstaunlich leise rollt der Wagen die letzten Meter über den Kies. Der junge Mann schält sich geduckt aus seiner Fahrerkabine und richtet sich auch im Stehen nicht wirklich auf. Unstet huscht sein Blick über den Hof zu Irmelin, zu seinem Wagen zurück. Nein, er ist nicht gern hier. Die Alte winkt knapp mit dem Kopf, und er sieht der Bewegung nach, sieht die Tür zur Kellertreppe offen stehen. Mit einem Nicken öffnet er die Hecktüren seines Wagens und lädt sich den Sack Kartoffeln auf die Schulter. Den trägt er dann zur Tür, unter der er sich durchducken muss. Er zögert einen Moment, als müsse sein Blick erst die Treppenstufen finden, und steigt dann langsam mit dem schweren Sack nach unten.

»In die Schütte!«, ruft Irmelin ihm nach.

Sie hört das dumpfe Rumpeln der Kartoffeln unten. Offenbar hat er sich zurechtgefunden.

Als er wieder nach oben gestiegen und ins Freie getreten ist, drückt sie ihm das Geld für die Kartoffeln und einen extra Schein für die Fahrt hier herauf in die Hand. Er blinzelt. Genauso geduckt, wie er steht, blinzelt er. Schnell schiebt er die Hand mit dem Geld in die Hosentasche, nickt einen Gruß, während er schon wieder zum Auto zurücktrabt und in die Fahrerkabine klettert. Es ist ihm offensichtlich recht, schnell wieder vom Hof zu verschwinden.

Er lässt den Motor an und kiesknirschend bewegt sich der Kastenwagen auf die Einfahrt zu und jault dann beim hastigen Gasgeben vor dem Tor ein wenig auf, gewinnt an Fahrt und verschwindet auf dem Forstweg zum Tal hinunter.

Hinter ihm schließt sich die Stille wieder um den Hof.

Irmelin sieht ihm noch einen Moment nach, schüttelt dann

mit einer kleinen Bewegung des Oberkörpers das Motorengeräusch, das Wegwollen des jungen Mannes und den Ölgeruch ab und ist wieder allein.

Zufrieden geht sie zur Kellertür, die sie verschließt.

Schwere, satte Wolken hängen tief im Tal und legen sich auf die Häuser des Dorfes, die Bäume und sogar auf die Heckensäume der Felder. Es wird mehr Schnee fallen. Der Berg bleibt für sich, im Schnee.

Irmelin beobachtet den Winter und den Wald.

Die nötigen Arbeiten am Hof sind erledigt. Die Vorräte für den Winter sind gesichert: die Winteräpfel, die Gläser mit den eingekochten Bohnen, die eingelegten Gurken, das Apfelmus, das Apfelkompott, die Himbeermarmeladen, von denen sie das erste Glas vor zwei Tagen an Heiligabend geöffnet hat. Sie hat nur wenige davon. Mit dem zweiten Glas wird sie warten, bis der Winter irgendwann grau, trüb und schwer wird. Dann, genau dann ist so ein Glas Himbeermarmelade das Richtige. Das Brombeergelee, davon deutlich mehr als die wenigen, wertvollen Gläschen Himbeeren; die getrockneten Pilze, dafür war's ein gutes Jahr; die Getreidevorräte, den Zucker und das Salzfass; die Dosen mit den getrockneten Kräutern für Tee; das gekochte Hühnerfleisch in den Gläsern, ein Schinken, der am Regal hängt. Und jetzt eben auch ausreichend Kartoffeln. Die Vorräte sind gesichert, der Winter darf kommen, die dunklen Nächte auch. Sie hat Zeit.

Die Hütte hingegen wacht nicht ganz wie sonst. Sie scheint ungeduldig. Das hat nichts mit Zeit zu tun, das weiß Irmelin, sie kennt die Hütte. Aber die Hütte wartet auf etwas. Auf jemanden.

Irmelin spürt die Unruhe und weiß vom Warten der Hütte. Sie hat es geträumt, und es stört sie. Die Nächte werden unruhig um diese Zeit, jedes Jahr um diese Zeit. Das ist nicht ungewöhnlich. Auch die Winde werden unruhig, aber nie die Hütte. Etwas ist anders als sonst.

Es stört Irmelin so sehr, dass sie die schweren Stiefel anzieht, den Mantel überstreift und sich durch den Schnee auf den Weg zur Hütte macht, obwohl heute überhaupt nicht der Tag für die Hütte wäre.

Als sie den Hof verlässt, sieht sie, dass sich aus der Reifenspur, die der Kastenwagen des Krämers gemacht hat, eine zweite Spur herausschält, abzweigt und dem Waldweg nach oben in Richtung Berg folgt. Sie ist schon fast wieder von Schnee bedeckt, also offenbar älter. Mit einem Stirnrunzeln steht Irmelin davor und betrachtet die Eindrücke im Schnee. Sie hat kein Auto bemerkt, das am Hof vorbeigefahren wäre. Nicht letzte Nacht, nicht früh am Morgen.

Der Schnee der letzten Nacht ist feucht, liegt träge auf dem Weg und macht beim Gehen ein knirschendes Geräusch unter den Stiefeln. Irmelin macht sich auf den Weg. Stapft durch den pappigen Schnee die Forststraße hinauf der Reifenspur nach und damit der Hütte entgegen, wie sie weiß.

Der schneeschwere, grausatte Himmel hängt über der Hütte, als die junge Frau noch schlaftaumelnd aus dem Traum und aus der Wärme ihrer Decken vor die Tür tritt. Nur schwer wird sie wach, und schwer und zäh klebt der Traum an ihr. Der war nur kurz, aber fühlt sich erstaunlich lebendig an.

Ein Rabe, ein großer schwarzer mit noch schwärzeren Augen, hatte vor ihr gesessen, sie lange angesehen und gesprochen:

»Die alten Regeln gelten noch. Sie müssen neu gelesen werden.«

Das war alles.

Die Frau war aus dem Traum gestolpert und noch immer scheint es ihr, als säße der Rabe vor ihr. Als wäre er wirklich.

Dass Regeln gelten, damit kennt sie sich aus und damit findet sie sich ab. Die Dinge müssen ihre Richtigkeit haben. Dafür gibt's Regeln.

Jemand muss wissen, wo du bist. Das ist eine Regel. Nach dem Nachtdienst schlafen gehen. Das ist eine zweite. Es sind sinnvolle Regeln. Sie nicht einzuhalten hat Folgen. Das nimmt sie in Kauf, das ist sinnvoll so. Nichteinhalten ist eigentlich undenkbar. Und doch ist sie hier, ohne dass jemand davon weiß, ohne dass sie nach dem Nachtdienst geschlafen hätte, wie es richtig gewesen wäre.

Aber was waren die alten Regeln? Und warum die Mühe, darauf hinzuweisen, dass die galten? Waren die Dinge anders? Hatte sich etwas verändert, sodass alte Regeln erwähnenswert waren? Und warum ein Rabe?

Die Frau wischt sich mit der Hand über das Gesicht und seufzt.

Vielleicht war es einfach nur das späte Ankommen gestern, die kalte Hütte, das Glas Rotwein. Sie kennt das. Manchmal machen wenig schlafen und Rotwein schwere, klebrige Träume. Oder es liegt an dieser Luft hier oben. Bergwinterluft. Der Wald darin ist zugedeckt vom Schneegeruch.

So eine Luft.

Sie schließt die Augen und stellt sich die Sonne vor, die hinter den Wolken bleibt. Sie streckt sich und atmet tief aus. Dann dreht sie sich auf der Türschwelle um und geht zurück in die Hütte, wo sie von innen die kleinen Fenster öffnet. Die kalte Luft von draußen wabert erst unentschlossen gegen die stehende Raumluft, die auch nicht warm ist, und zieht dann zügig ein. Die junge Frau schüttelt sich, zieht sich eine Jacke an und trägt das Federbett nach draußen, um es auf der Bank vor dem Haus auszulüften.

Es dämmerte bereits, als sie gestern nach dem Ankommen mit dem Schlitten, der zur Hütte gehört, wieder zurück zum Auto gelaufen war. Sie musste den Berg hinunter, dorthin, wo der Weg zu eng zum Fahren wurde. Die schmale Bucht, die der Wald dem Weg gelassen hat, eignet sich zum Parken und war gleichzeitig die Möglichkeit zum Wenden.

Die Frau hatte beide Kisten mit Lebensmitteln auf den Schlitten gepackt und den Weg hoch zur Hütte gezogen. Sie war schnell außer Atem gekommen und ärgerte sich verwundert darüber. Sie zwang sich trotzig, das Tempo zu halten und kam schwer schnaufend oben an. Bei der Hütte holte sie den Schlüssel aus dem Versteck, das noch dasselbe war, wie sie es als Kind kannte. Sie öffnete die Holztür und überprüfte als Erstes die Lichtschalter. Erleichtert stellte sie fest, der Strom war intakt und das Licht funktionierte.

Sie hatte in dem großen Zimmer gestanden und sich umgesehen. Lange war sie nicht hier gewesen. Enger kam ihr alles vor und kleiner als beim letzten Besuch. Der große Raum war Wohnstube, Küche, Waschraum und Garderobe zugleich. Die Kammer, die durch eine Tür vom großen Raum aus zu erreichen war, war der Schlafraum. Das breite Bett füllte den schmalen Raum fast vollständig aus. Auch das Plumpsklo war durch eine kleine Tür vom großen Raum aus zu erreichen. Der Herd hier war zugleich auch der Ofen, und damit die einzige Heizung. Sie hatte einen Wasserkocher in einer ihrer beiden Kisten dabei. Als Erstes kramte sie den heraus und befüllte ihn mit Wasser aus einer ihrer mitgebrachten Flaschen. Hier musste sie Wasser von der Quelle holen, das würde sie am nächsten Morgen tun. Es war kalt, und sie war müde. Essen wollte sie nichts mehr. Aber Wein. Einen Karton mit vakuumverpacktem Wein hatte sie mitgebracht. Den kramte sie aus einer der Kisten und stellte ihn auf die Anrichte. Mit den kalten, klammen Fingern hatte sie Mühe, den Weinzapfhahn auszuklappen und in dem vorgestanzten Loch in der Kartonpappe zu befestigen. Zwischendurch blies sie auf ihre Finger und wärmte sie dann kurz am aufheizenden Wasserkocher. Endlich hatte sie den Hahn befestigt und verstanden, wie er benutzt werden musste. Sie zapfte ein erstes Glas und war zufrieden. Der Wein war überraschend gut.

Hunger hatte sie nicht. Nur der Rotwein.

Es war kalt in der Hütte. Sie war zwar windgeschützt, aber es war eben nicht viel wärmer als draußen auch. Den Herd anzuheizen kam für die Frau nicht infrage. Dafür war sie zu müde.

Mit dem heißen Wasser füllte sie die Wärmflasche, die sie aus ihrem Gepäck holte. Sie packte die unter das von ihr frisch bezogene Federbett und legte noch eine Wolldecke darüber. Ihre Skiunterwäsche behielt sie an, ebenso die dicken Strümpfe und den Winterpullover. So kroch sie unter die Decken.

Eine herrliche wohlige Müdigkeit überfiel sie. Der Rotwein, die Müdigkeit, das Nichtessen. Vielleicht daher der Traum.

Langes Alleinsein liegt in der Hütte. Dunkel klebt Schweres in den Zimmern, in die jetzt die kalte, helle Winterluft zieht. Träge sind die Möbel und die Fenster. So scheint es. Kein Wunder, dass dann ein solcher Traum an der Frau klebt und so gar nicht in das gewohnte Vergessen schlittern will.

Das Zimmer wird hell mit der Luft von draußen. Kalt ist es ohnehin. Die Frau schließt das Fenster wieder und will den Herd anheizen.

Der Herd allerdings braucht einen Moment, um wieder das Feuerholz zu erkennen.

Sie müht sich eine Weile mit dünnem Holz, Papier, Feueranzünder und den Streichhölzern, bis das Feuer endlich angehen will. Zu kalt ist es wohl, zu ungewohnt das brennende Papier und dünne Holz für den Herd und den Schornstein. Zu ungewohnt ist die Arbeit des Feueranzündens für die Frau. Lang ist es her, und erst bei den Handgriffen erinnern sich ihre Finger. Sie schimpft ein bisschen mit dem Abzug und dem Herd. Ihr fällt der Hebel am Rand der Herdplatte in der Nähe des Ofenrohrs ein, den sie für die Luftzufuhr öffnen muss. Dann irgendwann nimmt sich die Flamme das dürre Reisig und das erste Holz und frisst sich weiter in die dickeren Scheite. Gern würde die Frau jetzt länger in die Flammen sehen, aber sie schließt die quietschende Ofenklappe und richtet sich auf.

Draußen im Gang hinter der Stubentür, der ein Vorraum der Hütte ist, liegt aufgeschichtetes Feuerholz. Früher gab es am Waldrand einen großen Stapel Feuerholz. Den wird sie vorerst nicht suchen müssen. Zunächst kann sie das Holz aus dem Gang aufbrauchen. Wahrscheinlich wird sie irgendwann das Holz auffüllen müssen. Wer diesen Stapel hier in den Gang geschichtet hat, weiß sie nicht. Sie weiß auch nicht, wer von ihrer Familie in diesem Jahr hier oben gewesen ist. Noch weniger kann sie sagen, wem von ihren Leuten sie zutraut, im Sommer an den Winter zu denken und Brennholz in den Gang zu schichten.

Die Frau zieht ihre Stiefel und ihre Jacke an. Sie nimmt den Wasserkanister und macht sich auf den Weg zur Quelle.

Die liegt ein kleines Stück oberhalb der Hütte am Hang. Das weiß die Frau noch gut. An den kurzen Fußweg kann sie sich erinnern und findet die Quelle schnell. Als sie die Stelle am Hang erreicht, stellt sie den Kanister ab und schiebt mit den Händen den frischen Schnee und die welken Blätter des Vorjahres darunter beiseite. Einen großen alten, trockenen Ast und welke Blätter, die sich darin verfangen haben, muss sie wegziehen. Dann liegt der schmale, aber kräftige Wasserlauf frei, der aus dem Berg über den ersten Felsvorsprung plätschert. Die junge Frau steht davor und bläst in ihre schneenasskalten Hände. Sie hätte an die Handschuhe denken sollen. Als ihre Hände wärmer gerieben und gepustet sind und nicht mehr schmerzen, nimmt sie den Kanister wieder auf und befüllt ihn erst nur mit wenig Wasser. Mit drehenden Bewegungen spült sie ihn aus und kippt das Wasser in den Schnee. Erst dann lässt sie ihn unter der Quelle volllaufen. Sie prüft, ob sie ihn tragen kann, und balanciert anschließend die Last den kurzen Weg zur Hütte zurück.

Dabei nimmt sie sich vor, das Wasser vor dem Trinken abzukochen.

In der Hütte gießt sie Wasser aus dem Kanister in den alten Wasserkessel, den sie noch von früher kennt, und stellt ihn auf die Herdplatte. Sie könnte auch den Wasserkocher nehmen, aber sie will den Kessel benutzen. Als wäre damit die Zeit von damals wacher. Als würde der Kessel zur Hütte gehören und als wäre der Wasserkocher zwar praktisch, aber eben falsch. Der Kessel steht auf dem Herd, das Holzfeuer knistert noch jung und immer noch verwundert, und die Frau steht vor dem Herd und reibt zufrieden ihre Hände.

Einen Teil des Wassers, das sie eben geholt hat, füllt sie in einen kleineren Eimer und stellt den vor der Klotür ab. Sie erinnert sich, dort drin wird es nicht warm. Das frühere Klohäuschen, jetzt mit einer Verbindung zum Innenraum der Hütte und nur mäßig gut nach außen isoliert, kann nicht gut von innen geheizt werden. Das Wasser zum Nachspülen soll nicht einfrieren.

Das Wasser im Kessel fängt an zu kochen, und mit einem Lappen in der Hand zieht sie die Pfeife von der Tülle, bevor das unangenehme Geräusch zu laut wird. Mit dem ersten heißen Guss des Wassers spült sie die Kanne aus, die sie vom Regal genommen hat, dann fischt sie aus ihrer mitgebrachten Kiste eine Filtertüte und Kaffeepulver und schiebt die Tüte in den Filteraufsatz aus Keramik, der auch auf dem Regal steht. Sie füllt Kaffeepulver ein und setzt den Filter auf die ausgespülte und damit aufgewärmte Kanne. Danach gießt sie langsam das kochende Wasser auf.

Das Wasser knistert sich durch das Kaffeepulver, und die Frau steht vor Kanne und Filter und hört überrascht zu, als habe sie das Geräusch lange nicht gehört und erkenne es erst jetzt wieder. Die erste Wolke des frischen Kaffeeduftes erreicht sie. Sie zieht den Duft durch die Nase und hört dem Wasser auf dem Weg durch das Kaffeepulver zu. Das Knistern verändert sich. Es ist nicht das Wasser, die Zeit knistert sich durch Filter und Kaffee. So, als kämen ihr die letzten Besuche hier in der Hütte in dem Geräusch entgegen. Sie steht und hört zu, als hätte sie über die Jahre hier gestanden und das Knistern für heute aufgehoben.

Sie gießt Wasser nach. Das Knistern verändert sich, klingt gröber als beim ersten Gießen. Sie vermisst das erste Geräusch und hört, wie der Kaffee die Kanne füllt und die Tropfen immer weniger hohl aufkommen.

Die nötigen Handgriffe heute Vormittag: Feuer machen, Wasser holen, die Kälte vertreiben, Kaffee kochen. Alles, was sie tun muss, lässt sie hier ankommen. Es gibt nichts, das drängelt. Eins nach dem anderen tut sie. Mit jedem Handgriff wird die Hütte wirklicher. Der schwarze Rabenkopf und der Traum sollten sich so aus dem Staub machen.

Sie stöbert durch das Regal und findet die Kaffeetassen, die Teller, die Schüsseln, die sie von früher kennt. Lange hat sie das alles nicht gesehen, und es kommt ihr farbloser und kleiner vor als damals, als sie noch ein Mädchen war. Sie nimmt sich die Tasse, die sie auch damals genommen hat, und erkennt sie natürlich sofort.

Als sie später mit der dampfenden Kaffeetasse im Türrahmen steht und auf das Federbett schaut, das sie über die Bank gelegt hat, hört sie Schneeknirschen, erkennt darin näher kommende Stiefelschritte und sieht dann die alte Frau, die offenbar mit wenig Mühe durch den frischen Schnee, der die Schlittenspuren von gestern fast schon zugedeckt hat, den Weg heraufstapft. Sie scheint dem zugeschneiten Weg, der an der Hütte vorbeiführt, den Berg hinauf zu folgen.

Sie sehen sich. Die Alte hält kurz an, die Junge grüßt mit einem Anheben der Kaffeetasse, aus der sie gerade noch einen Schluck getrunken hat. Die Alte nickt ihr zu.

»Ahh. Sie sind da.« Dabei bleibt die alte Frau stehen. »Das ist gut. Hab Ihr Auto entdeckt.«

Die junge Frau nickt.

»Stimmt. Steht unten auf halbem Weg.«

Bei der Alten zuckt ein Mundwinkel.

Noch sieht es aus, als wolle die Alte den Weg weiter bergauf gehen, dann nickt sie knapp, nimmt die letzten paar Schritte zur Hütte und klopft den Schnee von den Stiefeln. Die Junge mustert die Alte und erinnert sich. Sie kennen sich. Die Alte hat das Jahr über ein Auge auf die Hütte. Sie lebt hier am Berg, hat ihr ganzes Leben hier gelebt. Ihre heiße Kaffeetasse behält die Junge in der Hand und betrachtet die Alte. Kamen ihr vorhin das Regal, die Tassen und der Raum in der Hütte kleiner und farbloser vor als damals, so erscheint ihr die Alte, die jetzt bei ihr an der Tür steht und den Schnee von den Stiefeln tritt, genauso alt wie früher; genauso groß und überhaupt genau eben so, wie sie früher ausgesehen hat. Nichts hat sich offenbar an ihr verändert. Als würde die Zeit irgendwann milder umgehen mit einer, die es schon lange mit sich ausgehalten hat.

»Ungewöhnlich, dass wer im Winter hochkommt. Sind Sie allein?«

Die alte Frau sieht suchend an der Jungen vorbei in den Vorraum der Hütte. Mit einer kleinen, schnellen Bewegung streckt sie ihren Hals, meint wohl, die Junge sähe das nicht.

»Ja, ich bin allein.«

Keinen Schritt macht sie zur Seite, lässt die Alte sich recken, um einen Blick in die Hütte zu erhaschen. Sie nimmt noch einen Schluck aus der Kaffeetasse und bleibt im Türrahmen stehen. Ist das Neugier bei der andern oder Misstrauen? Sie kann es nicht sagen.

Ja, sie ist allein hergekommen und will allein sein. Mitten im Winter, ohne fließendes Wasser, ohne Festnetztelefon, ohne Fernseher, ohne Bilder, immerhin mit Strom. Sie will nicht zu finden sein, für ein paar Tage. Will mit sich allein sein. Es ist ihr schwer genug gefallen, endlich herauszufinden, dass sie hierherfahren will. Dass möglicherweise das die Lösung ist oder ein Schritt dahin. Noch weiß sie nicht recht, wie es jetzt weitergehen soll, aber sie ist hier. Mindestens zwei Regeln hat sie nicht eingehalten: Sie hat nicht geschlafen nach dem Nachtdienst und niemandem gesagt, wo sie ist. Das wird Folgen haben, wie Regelverstöße immer Folgen haben, aber sie ist hier. Wie das der Alten erklären? Und warum?

Die weiß vom Alleinsein. Vom Winter hier oben weiß sie auch. Misstrauisch oder neugierig linst die Alte immer noch an der Jungen vorbei, die sich endlich aus dem Türrahmen löst.

»Bin allein hier. Für Sie auch 'nen Kaffee?«

Die Alte nickt, immer noch ungläubig, hier jemanden anzutreffen. Immer noch mit schnellem Blick alles musternd. Immer noch mit schnellen Bewegungen des Kopfes, und da fällt ihr Blick auf das Bettzeug auf der Bank vor dem Haus.

»Das sollten Sie nicht tun.«

Wenige schnelle Schritte macht sie auf die Bank zu.

»Nichts draußen lassen an diesen Tagen!«

Das sagt sie mit strengem Ernst, nimmt schnell die Decke auf, deren Gewicht sie nicht zu stören scheint, wirft einen Blick auf den Waldrand hinter ihnen beiden und in den grauen Himmel, unter dem ein leichter Wind aufgekommen ist, und trägt das Bettzeug in die Hütte. Sie kennt sich aus darin.

Die Junge geht ihr aus dem Weg, als wäre es so richtig.

Die Alte trägt das Bettzeug direkt in die Schlafkammer und kommt zurück, um sich auf die Küchenbank an den Tisch zu setzen. Dann der Kaffee, den die Junge in eine zweite Tasse einschenkt. Ihre eigene Tasse füllt sie erneut. In eine dritte Tasse gießt sie etwas Milch. Die Milch im Tetrapak auf den Tisch zu stellen, erscheint ihr unpassend.

Die Dose mit dem Zucker findet sie auch, sowie zwei Löffel. Schnell klopft sie den Zucker in der Dose krümelig und stellt sie zu der Milchtasse. Die alte Frau beobachtet sie, nickt dann und trinkt ihren Kaffee ohne Milch und Zucker. Sie nimmt einen Schluck, grunzt zufrieden und wärmt sich die Hände an der Tasse. Unvermittelt sieht sie die Junge prüfend an.

»Ham 'Se geträumt heute Nacht?«

»Ja, schon.«

Geträumt hat sie, die junge Frau. Sie wird sich allerdings hüten, davon zu erzählen.

Wieder ein schneller, prüfender Blick der Alten, die mit einem Mal nach der Hand der Jungen greift.

»Kalt sind 'Se.«

Überrascht sieht die Junge auf die Hand der Alten, lässt ihre Hand aber liegen.

»Ja. Bin doch gestern erst angekommen, am Abend. Hier ist noch nichts warm, außer dem Kaffee.«

Die Alte nickt, sieht zum Herd mit dem jungen Feuer, das die Hütte noch nicht wärmen kann, und auf ihre Tasse mit dem Kaffee.

»Der Kaffee ist gut.«

Wie selbstverständlich die Alte hierher gehört. Auf die Bank, in die Hütte. Die Junge beobachtet sie und ist sich immer noch nicht sicher, ob sie Misstrauen erkennt, Neugier oder eine Bergfreundlichkeit, die vielleicht genau so aussieht. So neugierig misstrauisch. Was weiß sie schon von denen hier oben?

Die Alte wärmt ihre Hände an der Tasse und sieht durch das niedrige, kleine Fenster nach draußen, dorthin, wo vorhin noch die Decke auf der Bank gelegen hat. Die Junge folgt ihrem Blick, und sie sitzen beieinander. Mit einem Mal ist es denkbar, dass sie hier schon lange sitzen und sich selbstverständlich kennen. Also sagt die Alte, ohne den Blick vom Fenster zu lösen: »Musst schon vorsichtig sein, an diesen Tagen. Es sind doch die dunklen Nächte. Die wilde Jagd, weißt? Lass sie dir nich' ins Bettzeug fahren!«

Dann lächelt sie ins Leere, während sie einen Moment zum Fenster hinausschaut. Sie trinkt ihren Kaffee aus, sagt nichts weiter und stellt die Kaffeetasse ab. Mit aufgestützten Händen schiebt sie sich aus der Bank. Sie wünscht eine frohe Weihnacht, auch wenn die gerade vorbei ist, und geht zur Tür. Ihren Mantel hatte sie gar nicht abgelegt, es ist immer noch kalt in der Hütte. Im Vorraum stehend, blinzelt sie kurz nach draußen, winkt dann einen Gruß nach drinnen und zieht auf dem zugeschneiten Weg den Berg nach oben weiter.

Die Junge denkt noch langsam in der Kälte. Es fällt ihr nicht ein zu fragen. Sie ist noch zu langsam, um sich zu wundern, und denkt, dass es wohl richtig sein wird, mit dem Bettzeug drinnen und nicht draußen. Sie steht wieder in der Tür. Bis hierhin ist sie der Alten nachgegangen und sieht in die Richtung, in der die andere längst am Berg verschwunden ist. Sieht in eine kalte, klare Sonne zwischen den wenigen Wolken und schlürft den Rest ihres Kaffees. Der Wind wird stärker.

Irmelin steigt den Bergpfad weiter nach oben. Es soll nicht so aussehen, als sei sie nur wegen der Städterin hergekommen. Es soll zufällig aussehen. Offenbar hatte die andere bislang keinen Verdacht geschöpft. So sollte das auch bleiben. Also muss ihr Weg sie noch ein Stück bergauf führen. Es ist sonnig, und gerade schneit es nicht. Der Wind frischt allerdings auf, und sie weiß, der wird mehr Wolken und neuen Schnee bringen. Schon kann sie es riechen. Es liegt in der Luft, sie riecht es und kann es auf der Zunge schmecken. Die Luft schmeckt nach den großen, dunklen, schweren Winden, die unterwegs sind. Wie immer um diese Zeit.

Der Schnee knirscht unter ihren Stiefeln, und sie steigt Schritt für Schritt den Bergpfad nach oben. Kaum muss sie sich unterwegs umsehen, den Weg kennt sie gut, wie alles hier. Mürrisch grollt sie der Hütte und versteht nicht.

Kommen die Städter sonst, meist im Sommer, duldet die Hütte sie. Immer weiß Irmelin, wenn sie anreisen, und immer schützt sie die Hütte oder die Besucher.

Diesmal ist etwas anders als sonst. Offenbar hat die Hütte die Besucherin erwartet, ist mit ihr einverstanden, hat sie vielleicht sogar eingeladen. Das ist noch nie vorgekommen. Irmelin fühlt sich in ihrem Wald, an ihrem Berg außen vor, von ihrer Hütte übergangen, von der Hütte, der sie sich immer zugehörig gefühlt hat. Es ist kein Grund für sie zu erkennen, warum die Hütte sie übergehen sollte. Natürlich grollt sie der Hütte.

Die Hütte hält Wache, und sie, Irmelin, wacht über die Hütte. So war es immer, solange die Alte zurückdenken kann. Vor ihr war es ihre Mutter, die die Hütte bewacht hat, und davor deren Mutter. Nie war es anders. So ist es ja auch richtig. Keinen Grund gibt es, dass die Hütte jetzt etwas anders macht als bisher.

Jetzt aber hat sich die Hütte eine Besucherin eingeladen, und Irmelin ist verwirrt. Mitten im Winter, gerade bevor die schweren Winde und der Schnee kamen. War es nicht schwer genug, die Besucher, auch wenn sie selten in den letzten Jahren angereist sind, im Sommer hier oben zu dulden? Aber diese da einzuladen, jetzt im Winter? Ohne es Irmelin wissen zu lassen?

Das ist nicht richtig. Überhaupt nicht.

Die Alte erreicht ein flaches Plateau, auf dem sich eine Lichtung öffnet. Von dort aus könnte sie weitergehen nach oben.

Von da führt aber auch ein anderer Weg zu ihrem Hof zurück. Sie muss also nicht wieder an der Hütte vorbei. Weiter aufsteigen will sie ohnehin nicht. Es genügt, die Hütte zu umgehen, um es zufällig aussehen zu lassen, dass sie heute Morgen daran vorbeigekommen ist. Der Weg hinunter ist im Schnee nicht zu erkennen. Doch sie kennt ihn. Also weiß sie, wohin sie sich zu wenden hat und stapft entschlossen durch die Fichten am Rand der Lichtung hindurch, schiebt die Zweige beiseite, findet den Pfad und macht sich an den Abstieg. Ihre Füße kennen und finden den Weg. In dem frischen Schnee allerdings muss sie bergab vorsichtig gehen und sich konzentrieren. Also kann sie nicht weiter nachdenken. Der Abstieg strengt sie an, und darüber verfliegt ihr Groll auf die Hütte ein wenig. Bald sieht sie zwischen den Bäumen ihren Hof auftauchen. Das Gehen fällt ihr jetzt leichter. Sie hat den Hang hinter sich gebracht. An einem verwehten Schneehaufen vorbei, zwischen der alten Scheune und dem längst nicht mehr genutzten Stall findet sie den Weg in den Innenhof und steht bald stampfend und den Schnee abschüttelnd im Eingang zu ihrer Wohnung und ihrer Küche. Sie steigt aus den Stiefeln, hängt ihren Mantel in die Nähe des Ofens. Sie weckt die Restglut im Ofen zu einem Feuer und setzt Wasser für einen Tee auf. Der Gang zur Hütte, der Umweg über das Plateau und der Abstieg haben gedauert. Irmelin hat Hunger, die Mittagszeit ist längst vorüber.

Hier drinnen, in ihrer Küche, ist es nicht mehr warm, aber auch noch nicht ausgekühlt. Während das Wasser auf ihrem Herd kocht, zieht sie den Brotlaib aus seinem Tontopf und schneidet sich eine kräftige Scheibe und ein Stück vom Käse ab. Eine Handvoll Kräuter streut sie in die Kanne. Sie gießt das Wasser auf, wartet einen Moment und setzt sich mit Brot, Käse und Tee auf die Bank an ihrem Ofen. Dann trinkt sie einen heißen Schluck Tee, kaut an einem Bissen Brot und Käse und fängt wieder an zu überlegen.

Was war sicher? Die Besucherin war da, und die Hütte hat ihr Kommen gespürt. Das war ganz sicher. Das hat die Hütte Irmelin auch merken lassen. Der immer wiederkehrende Traum. Genau genommen hatte sie sich gesträubt hinzuhören. Die Hütte hatte es nicht verschwiegen. Wenn es gar keine Einladung gegeben hätte? Wenn die junge Frau ganz von allein gekommen wäre? Während sie kaut, hält Irmelin das allmählich für möglich. Warum aber ausgerechnet jetzt? Sie schneidet noch einen Streifen Käse von dem Block. Warum ausgerechnet zu Beginn dieser Nächte? Die Hütte hätte sich verschließen können, das weiß sie. Die Hütte lässt es aber offenbar zu, dass die Frau kommt. Genau jetzt.

Irmelin trinkt noch einen kräftigen Schluck Tee, und mit einem Mal ist sie wieder hellwach. Sie fühlt sich frisch, kaum ist noch etwas von der Anstrengung des Abstieges zu spüren. Plötzlich scheint ihr sehr einfach und klar, was jetzt zu tun ist. Sie wird die Junge fragen müssen. Sie muss also noch mal zur Hütte hoch. Das ist ihr dringlich, so dringlich, dass sie es nicht bis morgen aufschieben will.

Es erscheint ihr allerdings unmöglich, einfach wieder den Berg hinaufzusteigen, an der Tür der Hütte zu klopfen und die Junge geradeheraus zu fragen.

Sie überlegt schnell, blickt sich in ihrer Küche um und hat eine Idee. Entschlossen lächelt sie und beginnt, ihre Weidenkiepe, die neben der Tür am Haken hängt, mit Dingen zu bepacken. Einmal muss sie dafür über den Hof gehen und in den Keller steigen. Das macht ihr nichts aus. Sie fühlt sich erfrischt, ob vom Tee, den Käsebroten oder von der Idee weiß sie nicht zu sagen. Ihre Beine, ihr Rücken, ihre Muskeln haben offenbar die Anstrengung des Vormittages schon vergessen.

Dann zieht sie den Mantel wieder an, steigt in die festen Stiefel, die noch kalt sind, wenn auch nicht nass, und schnallt sich die bepackte Kiepe auf den Rücken. Für den sicheren Tritt unter dem Gewicht greift sie diesmal nach ihrem Wanderstock, ruckelt sich die Last auf dem Rücken zurecht und tritt aus der Tür.

Sie hält kurz inne, als schnüffle sie in der Luft. Der Nachmittagshimmel wird schon zur Abenddämmerung. Irmelin macht sich ein zweites Mal an diesem Tag auf den Weg hinauf zur Hütte. Möglicherweise wird die Junge es merkwürdig finden, dass sie nach oben steigt, um sie zu fragen, ob sie von allein hergekommen ist und warum. Sie nimmt sich vor, möglichst beiläufig das Gespräch darauf zu lenken. In ihrer Kiepe befindet sich alles, um der Jungen einen offensichtlichen Grund zu geben, warum sie erneut bei ihr auftaucht. Irmelin ist zufrieden mit sich, als sie ihren Hof verlässt. Der Weg beginnt, steiler zu werden und führt in den Wald hinein. Die aufziehende Dämmerung macht ihr nichts aus. Sie kennt den Weg und den Berg und die Nacht. Sie braucht kein Licht, um zur Hütte zu finden.

Die junge Frau steht noch in der offenen Tür, schlürft ihren Kaffee und blinzelt in die Sonne. In das helle Vormittagslicht braust ab und zu ein Wind, zieht an den Fichten am Waldrand entlang, fegt noch mild in den Schnee auf dem freien Vorplatz um die Hütte und bürstet der jungen Frau über Gesicht und Unterarme. Sie schüttelt sich, lauscht dem Aufbrausen des Windes, hört die Fichten rauschen und wartet auf die Wärme der Sonne, die noch kraftlos ist. Sie denkt an nichts und freut sich über das Licht, den Wind und den Kaffee. Nichts davon täuscht, alles stimmt und ist genau, wie es ist.

Im Krankenhaus ist es so nicht mehr. Die Dinge trügen und sind nicht mehr, wie sie sein sollten. Bis jetzt hat sie nicht herausgefunden, was nicht mehr stimmt und wann es angefangen hat, anders zu sein. Enttäuscht sieht sie das Sonnenlicht, die Fichten und hört den Wind, der immer wieder den Berg herauf über die Lichtung und um die Hütte weht. Das gedankenleere Vergnügen ist verschwunden. Nicht zu denken geht wohl nicht. Schon haben das Krankenhaus und die letzte Dienstnacht sie wieder.

Stille wollte sie, als sie hergefahren ist, allein sein wollte sie. In ihrer Vorstellung sah sie den Schnee; hellen, dicken Schnee, der alle Geräusche dämpft, die Welt anders klingen lässt und möglicherweise den Lärm im Denken leiser macht. Das ist eine der neuen Entdeckungen der letzten Tage: wie laut ihr Denken klingt. Und wie schwer, ja unmöglich es ist, dann wegzuhören. Keine Regel fällt ihr ein, die ihr dabei helfen könnte.

Die junge Frau seufzt, leert die Kaffeetasse mit einem Schluck, stößt sich vom Türrahmen ab und geht nach drinnen, um sich Frühstück zu machen, auch wenn es längst Mittag ist.

Gestern auf der Fahrt hierher im Auto hatte sie nach kurzer Zeit das Radio ausgeschaltet. Sie hatte sich die Autobahnschilder laut vorgelesen und die Markennamen der anderen Fahrzeuge laut ausgesprochen und deren Insassen gezählt, wenn sie sie überholten. Sie war auf der rechten Spur geblieben, was sie sonst auf Autobahnen nie tat, und hatte den Autos nachgesehen, die sie überholten, als würde in deren Tempo das Krankenhaus an ihr vorbeifahren. Irgendwann war sie still geblieben. Nicht nachdenken. So war sie weitergefahren, langsam, still. Irgendwann hatte sie haltgemacht, sich langsam und still ein Frühstück auf der Raststätte gekauft und sich an einen der Tische gesetzt. Auch jetzt sah sie den anderen zu, die deutlich schneller waren. Sie fühlte das Tempo der anderen und das Krankenhaus mit deren Tempo mitziehen. Kein Nachdenken, nur zusehen und fühlen. Das schien das Durcheinander zu ordnen, für den Moment. Nichts, was sie denken musste, für das sie Worte finden, logisch sein musste. Erfahrungsgemäß ging genau das schief. War es verworren, führte Nachdenken nur zu neuen Umwegen. Sie saß an ihrem Platz. Wartete, dass ihr Langsamsein zu ihr passte, sah die anderen vorbeiziehen und dachte nicht nach. Alles auf ihrem Tablett aß sie auf, auch wenn es nach nichts schmeckte. Sie stellte das Tablett in den Geschirrwagen und ging zu ihrem Auto. Setzte die Fahrt fort. Schweigend, nicht schnell, auf der rechten Spur. Den Sätzen und Worten war mit Worten nicht beizukommen, weghören jedoch war unmöglich. Das hatte sie kapiert. Also hörte sie dem verworrenen Denkknoten wie dem Rauschen der vorbeifahrenden Autos zu, war langsam und still und dachte nicht. So fuhr sie auf die Berge zu.

Jetzt geht sie in den großen Raum in der Hütte, der zugleich Küche und Wohnstube ist und steht mit ihrer Kaffeetasse da und hört die Stille. Sie hört den Wind, der draußen weht, wie gestern das Geräusch der überholenden Autos. Sie steht da und findet die Stille und das Nichtnachdenken und lächelt.

Bis der Hunger sie mahnt und sie sich aus der Kiste mit den Lebensmitteln die Dinge herauskramt, die sie für ihr Frühstück braucht. An die Autobahnraststätte kann sie sich erinnern, nicht aber an das, was sie dort gegessen hat. Das kennt sie von sich an den Tagen nach dem Nachtdienst. Ist sie müde, fehlt manchmal was vom Tag. Diesmal offenbar das Essen. Später wird sie die Kisten auspacken und die Sachen im Regal verstauen. Jetzt hat sie Hunger. Eins der Brote, Butter, Käse, Wurst, einen Schokoaufstrich. Den Frischkäse lässt sie in der Kiste.

Zu hell, zu klar ist ihr der Geschmack von Frischkäse jetzt.

Helles kaltes Licht, der Flur, die Behandlungskabinen. Die Ambulanzküche, der Warteraum, durch den man gehen konnte, am besten schnell, mit festem Schritt und damit sehr beschäftigt aussehend, oder man konnte ihn umgehen und blieb unsichtbar. Wie in einer Theaterkulisse. Die Krankenhausambulanz in der Nacht. Es roch weiß und kühl und nach Desinfektionsmitteln. Es roch ungewaschen, müde und nach kalter Pizza.

Sie mochte das Licht und den Geruch. Das Krankenhaus war ein anderes als am Tag. Die Gespräche und das Telefonklingeln klangen verändert. Auch ihre Kollegen waren anders als am Tag.

Sie mochte die Nachtdienste. Sie mochte, dass ihr am Tag nach den Diensten manchmal etwas verloren ging, wie eben heute das Frühstück an der Autobahnraststätte, an deren Geruch und Geräusche sie sich erinnern konnte, nicht aber an das, was sie dort gegessen hatte. Ging ihr nach den Diensten etwas verloren, bedeutete das für sie, dass sie ganz in der Nacht verschwunden war und danach nicht viel Aufmerksamkeit übrig blieb. Sie mochte, dass alles anders roch, dass das Haus ein anderes war. Sie mochte, dass sie wenige waren, aufeinander angewiesen, und sich durch die Nächte halfen. Wann hatte es sich verändert? Was überhaupt hatte sich verändert? War es nachts einfacher oder gerade nicht, nur auf den Patienten zu sehen, an die Kosten nicht zu denken und nicht an die Büroarbeiten? Oder war das weit früher mal so? Hatten sich die Leute verändert? Die, die kamen, und die, die arbeiteten? Sie wollte nicht daran glauben. Das wäre, als gehörte sie zu den Alten, die sich an ein Früher erinnerten, das sich vom Heute nicht sonderlich unterschied. Waren es die Ausreden? Nicht entscheiden zu wollen oder zu dürfen?

Je mehr sie nachdenkt, desto fester wird das Knäuel. Ein Wollknäuel mit vielen losen Fadenenden. Das Gefühl, ausgenutzt zu sein und etwas Entscheidendes verkehrt zu machen. Alles richtig machen zu wollen, ohne zu wissen, was das Richtige ist. Das Gefühl bleibt hartnäckig.

Unwillig schüttelt sie den Kopf und gießt mit kochendem Wasser die zweite Kanne Kaffee auf. Schneidet dann mit dem großen Messer Scheiben vom Brotlaib und setzt sich auf die Bank am Tisch. Das Feuer im Herd brennt verlässlich, und allmählich wird der Raum warm.

Sie könnte anrufen und fragen, wenn sie hier ein Netz findet. Das aber will sie nicht. Um weg zu sein und um nicht denken zu müssen, ist sie hergefahren. Damit sie nicht gefunden wird und alles aus dem Kopf bekommt, hat sie niemandem gesagt, wohin sie fährt.

Nicht dieser Chirurg ist schuld, auch wenn sie ihm seine Unentschlossenheit vorwirft. Hätte sie es ihm nur besser erklären sollen? Kein Kostendruck ist schuld, keine Schreibarbeit, daran hat nun wirklich keiner von ihnen gedacht. Nicht diesmal.

Die Frau kaut an ihrem Brot und schlürft einen fast noch zu heißen Schluck Kaffee, und immer wieder denkt sie an den Dienst vorgestern Nacht.

»Hmm, lass uns warten, bis morgen die Chefin draufguckt. Es geht ihr doch gut. Mach morgen noch mal Labor.«

»Worauf willst du warten? Für mich ist's klar.«

»Aber du operierst nicht, oder?«

Sie, die Internistin, und ihr Kollege, der Chirurg, standen vor der Liege in der Ambulanzkabine. Die Patientin, über die sie sprachen und auf deren Laborwerte sie beide blickten, lag in einer anderen Kabine. Der, den sie in der Kabine behandelte, in der sich beide unterhielten, war ein urologischer Patient und ging sie beide genau genommen nichts an. Sie war gerufen worden wegen des schnellen Herzschlages. Der urologische Kollege verlangte, dass der Patient und sein schneller Herzschlag internistisch behandelt wurden, bevor er sich um sein Gebiet kümmerte. Der Chirurg war dazugekommen, weil er sie nach ihrem Anruf suchte und weil er eben die Patientin in der anderen Kabine untersucht hatte. Sie murrte, sah die schnelle Herzfrequenz, den gehetzten Patienten. Sah die Wölbung auf dem Bauch, griff nach dem Ultraschallkopf, den die Schwester ihr hinhielt und dabei den großen Mann im weißen Kittel zur Seite schob. Der Chirurg schaute auf den Schallkopf und das Bild auf dem Monitor, hob grinsend die Hände und zog sich zur Tür hinaus zurück.

»Nicht mein Gebiet. Macht ihr mal.«

»Wohl meins?« Sie sah noch, wie der Kollege die Zettel mit den Laborbefunden auf dem schmalen Schreibtisch am Kabinenrand ablegte. Sie wischte dem Mann vor ihr mit Zellstoff über den Bauch, entschuldigte sich murmelnd, weil der dabei das Gesicht verzog und nickte seufzend der Krankenschwester zu.

»Dann wollen wir mal.«

Die hatte längst reagiert, das Sonogerät zurückgeschoben und einen Beutel aus dem Schrank gezogen, den sie aufriss. Sie strahlte den Patienten an.

»Ihnen kann geholfen werden!«

»Wäre gut«, murmelte der mühsam.

Der Urologe war nicht wieder aufgetaucht. Also ging sie, die Internistin, der Schwester aus dem Weg und zog sich Handschuhe über, um der anderen zu assistieren. Steril reichte sie der Schwester die Utensilien an, und wenige Handgriffe später lag der Katheter. Der Urin floss in den Beutel, der schnell gefüllt war und gewechselt werden musste. Der Patient winkte erleichtert ab und lächelte fast. Sein Bauch wurde flacher, und sein Herzschlag normalisierte sich.

»Na also«, seufzte die Ärztin. Die Schwester nickte und sah zwischen ihr und dem Patienten hin und her.

Beide Frauen zogen die Handschuhe aus und warfen sie in den Mülleimer. Die Schwester räumte den restlichen Abfall weg, die Ärztin setzte sich an den kleinen Schreibtisch an der Wand der Kabine. ›Tachykardie bei Harnverhalt‹, schrieb sie in die Akte des Patienten. Sie notierte dahinter, was sie getan hatten, und unterschrieb mit ihrem Kürzel, bevor sie dem Mann kurz zunickte, nach den Laborausdrucken griff und die Kabine verlassen wollte. Die Schwester hielt sie zurück.

»Die in der drei? Was machst du mit ihr?«

»Ach ja.« Seufzend rieb sie sich die Stirn. Die alte Frau in Kabine drei hatte sie gerade fast vergessen. Mittlerweile musste deren Tochter angekommen sein. Einen Moment lang sah sie auf die leere weiße Wand vor sich und blinzelte. Kein Kaninchen tauchte auf. Es war also alles in Ordnung.

»Es geht ihr besser, sie ist wach«, sagte die Schwester noch schnell, und die Ärztin nickte und murmelte: »War zu erwarten.«

Im Pflegeheim war die alte Frau von einem Pfleger gefunden worden, hatte nicht auf ihn und sein Rufen reagiert, sodass er den Rettungsdienst alarmiert hatte. Auch hier im Krankenhaus war die Frau schläfrig und nicht zu wecken gewesen. Bei der ersten Untersuchung fiel ein Unterschied der beiden Pupillen auf, also ließ die Ärztin die Frau zum Röntgen bringen, und eine Schichtaufnahme vom Kopf zeigte nichts Auffälliges. Keine Blutung, nichts, was die unterschiedlich weiten Pupillen erklären konnte. Anhand der Laborwerte, die inzwischen vorlagen, war zu erkennen, was auch schon anhand des Zustandes der Frau zu vermuten war. Der Frau fehlte Flüssigkeit. Wären da nicht diese unterschiedlichen Pupillen gewesen. Nach der Röntgenuntersuchung war die Ärztin sich nun sicher: keine Hirnblutung, kein Schlaganfall oder ein Hirntumor. Dann hatte sie die Laborwerte überflogen, die zu der trockenen Haut und der trockenen Zunge der Patientin passten, hatte längst eine Venenkanüle gelegt und eine Infusion angehängt und war vom Urologen in die Nachbarkabine gerufen worden. Zwischendrin hatte sie den Chirurgen wegen der Patientin mit den eigenartigen Bauchschmerzen angerufen, die ihr tatsächlich dringlich erschienen. Er glaubte wohl nicht an den einen Notfall unter den anderen Banalitäten wie sie, aber immerhin wollte er kommen. Nun stand sie wieder bei der alten Frau, die wach war, sie irritiert ansah und keine Zeichen eines Schlaganfalles erkennen ließ. Schnell untersuchte sie sie, während ihr die Tochter, auf einem Hocker in der Kabine sitzend, versicherte, die unterschiedlichen Pupillen ihrer Mutter zu kennen. Das sei schon immer so. Müde sah die Ärztin auf die Patientin, die Laborwerte und die Infusion. Manchmal war es einfach. Es fehlte nur ein bisschen Flüssigkeit. Sie hatte ein teures CT des Kopfes gemacht und Blut abgenommen. Würde sie die alte Frau jetzt, wie die Tochter es vernünftig vorschlug, zurück ins Pflegeheim schicken, dann wären die Kosten für die Untersuchungen nicht gedeckt. Sicherlich täte es der Patientin besser, würde sie zurück in ihr Heim und ihr vertrautes Zimmer gebracht werden, das war der Ärztin klar. Sicher war es auch für die, zu denen sie die neue Patientin für eine Nacht ins Zimmer legen ließ, bequemer, wenn sie nicht eine ratlose Zimmergenossin für eine Nacht hätten, die nicht verstand, wie ihr geschah. Das alles wusste die Ärztin, und sie erklärte der Tochter nicht, dass es um die Kosten der Untersuchungen ging, sondern dass sie die Mutter morgen noch einmal für eine neue Untersuchung sehen wolle, um sicher zu sein, dass wirklich alles gut sei. Die Tochter nickte, die alte Frau verstand nicht und die Ärztin verließ die Kabine.

Sie tippte in ihr Diensthandy und ging in Richtung der Ambulanzküche, in der die Kaffeemaschine stand. Beiläufig sah sie auf die Uhr. Es war spät oder früh, je nachdem. Zeit war hier merkwürdig fremd und gehörte in die Welt außerhalb des Krankenhauses.

»Immer noch … Nein!«

Der Chirurg ließ ihr keine Zeit zu fragen. Sie sah ihn förmlich vor sich, genervt, am Telefon.

»Hab nichts anderes erwartet.«

Sie legte auf und schnaubte. Sie würde ihn erneut anrufen. Trank schnell den Kaffee aus, den sie sich eingeschenkt hatte, und ging wieder nach vorn, um weiterzuarbeiten.

Das war vorletzte Nacht gewesen.

Jetzt steht sie in der Hütte und könnte anrufen und fragen, wie es ausgegangen ist und ob alles richtig war. Das will sie aber nicht. Sie will weit weg sein von der Klinik. Mit einem Anruf wäre sie mittendrin.

Und wenn es nicht dieser Chirurg gewesen wäre? Sie stellt sich den Nachtdienst ohne ihn vor, oder mit einem anderen

Urologen, und schüttelt den Kopf. Nichts wäre damit anders, es würde gar nichts ändern. Er machte es wie sie selber, wie sie alle. Durch die Nacht kommen, nichts falsch machen und keinen Schaden anrichten. War das so? Wollten sie alle das? Wollten sie das gemeinsam oder jeder für sich? Vielleicht war es das, oder auch das stimmte nicht. Vielleicht erinnerte sie sich nur, dass es mal anders war, weil die Erinnerung dann anders schmeckte. All die Nächte und Wochenenden. Vielleicht war alles schon immer ganz genau so wie heute, und die Ausreden waren gar nicht neu und das Gefühl, allein gelassen zu sein, auch nicht? Die Entscheidungen, die sie nicht treffen konnte, weil es nie ein Ganz-Richtig gab. Sie sitzt vor ihrem Brot und dem Kaffee und ist sich nicht sicher.

Am Morgen nach der Ablösung und Übergabe in der Ambulanz hatte sie ihren Arbeitskasack und die Hose wütend in die Wäschetonne geworfen. Sie stand im Keller vor den grünen Tonnen für die Kasacks und den weißen für die Kittel und Hosen und wusste nicht, ob sie es in der Nacht falsch eingeschätzt, ob sie es ihrem Kollegen nur falsch erklärt, ihren Verdacht nicht ausreichend deutlich gemacht hatte. Oder ob der einfach nur nicht begreifen wollte.

Sie stand einfach nur da, ihre Gedanken klirrend klar wie immer, wenn sie zu müde war. Die Patientin war nicht operiert worden. Sie war sich überhaupt nicht sicher, ob das richtig war oder ein Fehler. Alles Mögliche hätte mit dem Bauch der Frau sein können. In der Nacht hatte sie die Frau noch mehrmals untersucht. Die hatte weiter Bauchschmerzen, doch das Fieber war gesunken. Vielleicht lag es an den Antibiotika, die anschlugen, oder nur an den Schmerzmitteln, die auch Fieber senken konnten. Die erneute Blutentnahme fand erst heute

Morgen statt, und damit gab es die neuen Laborwerte. Die Ergebnisse würden die anderen sehen. Sie hatte nachts ein weiteres Mal den Chirurgen dazugeholt, der erstaunlich geduldig war, aber nichts an seiner Einschätzung änderte. Mehr war für sie nicht zu tun. Eine Regel lautete: Sei gründlich. Das war sie. Eine andere Regel verlangte, stets zu entscheiden. Sie hatte sich entschieden. Nur hatte der Kollege anders entschieden. Oder er hatte eben genau das vermieden und auf die Oberärztin gewartet.

Letztlich entschieden die Oberärzte. Das war ihr klar und auch sehr recht. Sie hatte auch nichts dagegen, wenn die anders entschieden als sie und sie sich irrte, Dinge falsch einschätzte. Aber sie wollte für sich vorher sicher sein. Das verlangte sie ebenso vom Kollegen.

Das Kaninchen war im letzten Dienst nicht aufgetaucht. Es erschien immer, wenn sie sich schwertat, sich zu entscheiden, wenn sie sich drücken wollte. Wenn sie nach Ausreden suchte. Natürlich wusste sie, dass das Kaninchen in ihre Kinderwelt gehörte, in eine sehr viel weiter zurückliegende Vergangenheit. Sie hütete sich, irgendjemandem davon zu erzählen. Schon gar nicht davon, wie gern sie das Kaninchen sah.

Das Kaninchen war früher das Haustier ihrer Familie gewesen. Sie selber war noch ein Mädchen, das jüngste Kind in der Familie.

Eines Abends war sie mit dem Auftrag in den Keller geschickt worden, etwas für das Abendbrot zu holen. Was sie holen sollte, war nicht mehr wichtig und in ihrer Erinnerung nicht mehr zu finden. Es war Winter. Das Kaninchen, das sonst im Garten wohnte, war mit seinem Stall in den Keller umgezogen. Trotz der funzeligen Beleuchtung wusste sie schon beim Heruntersteigen auf der Treppe, dass etwas anders war als sonst. Sie stand am Treppenabsatz und blinzelte in den kurzen Gang. Am Ende lag die Kammer mit dem Gemüse und dem Obst, gleich linker Hand hinter dem Weinregal. Es roch nach Dunkel und Funzellicht. Nichts Ungewöhnliches war zu sehen oder zu hören. Da wusste sie es. Es war eben nichts zu hören. Sonst raschelte das Kaninchen oder keulte gegen die Wände seines Stalles. Doch heute Abend nicht. Leise ging sie zum Stall. Das Kellerlicht war gerade hell genug, sodass sie das Kaninchen erkennen konnte. Es lag an der Wand seines Käfigs. Sehr ruhig. Zu ruhig. Es bewegte sich nicht, nicht mal die kleinen Bewegungen, die es beim Atmen immer machte. Sich so nicht zu bewegen war nicht lebendig. Neugierig und verblüfft stand das Mädchen vor dem Käfig. Still sah sie auf den Tierkörper, sah nicht mehr das Kaninchen, was sie kannte, und verabschiedete sich. Als sie aus der Gemüsekammer holte, was ihr aufgetragen war, folgte ihr das Kaninchen. Nicht das leblose im Käfig, sondern ein leichtes, sehr fröhliches. Auch auf der Kellertreppe auf dem Weg nach oben folgte ihr das neue, leichte Kaninchen. Das Mädchen wunderte sich, lief noch einmal zurück und sah in den Käfig. Dort lag der Tierkörper wie auch schon einige Minuten zuvor und rührte sich nicht. Sah fremd aus und war nicht mehr ihr Kaninchen.

Das leichte, fröhliche Kaninchen an ihrer Seite blieb und folgte ihr die Kellertreppe hinauf. Das Mädchen stieg, wusste sehr wohl, dass das neue Kaninchen ihr Geheimnis war, und erzählte nichts davon. Nicht während des Abendessens und später beim Zähneputzen und auch nicht beim Gutenachtsagen. Ihr neues Kaninchen blieb und war erst am nächsten Morgen beim Aufwachen verschwunden. Nur ganz kurz war das Mädchen traurig, dann war auch das sehr richtig. Wenig später fand eine der älteren Schwestern das tote Kaninchen im Keller, wurde gelobt und getröstet. War sie doch die Erste, die bemerkt hatte, welches Unglück geschehen war. Das Tier wurde am selben Tag in einer Pappkiste im Garten begraben. Die Jüngste stand dabei und behielt ihr Geheimnis der letzten Nacht für sich. Das fühlte sich richtig an. Das Kaninchen über Nacht bei sich gehabt zu haben war richtig und nichts davon erzählt zu haben auch. Und doch hatte sie zugleich das Gefühl, etwas falsch gemacht zu haben. Vielleicht hätte sie von dem leeren Kaninchen, das im Käfig lag, berichten sollen. Damit getan werden konnte, was offenbar nötig war, und alles seine Richtigkeit hatte. Was dann geschah, nachdem die Schwester das tote Tier gefunden hatte.

Wenn es richtig war, dass das fröhliche, leichte Kaninchen über Nacht bei ihr gewesen war, auch wenn nur sie selber davon wusste, war doch offenbar aber auch richtig, dass am nächsten Tag für das tote Kaninchen getan werden musste, was sie dann getan hatten. Wovon alle anderen wussten. Das Kind dachte nach. Gab es zwei verschiedene Richtig? Das konnte nicht gut sein. Bisher war immer alles klar gewesen. Das Wort der Eltern galt. Die Schwestern durften abends länger Licht anhaben, der Bruder sowieso. Sie selbst durfte ihren eigenen Teller benutzen, hatte ein Anrecht auf ihre Spielsachen und wusste, was sie zu erledigen hatte. Ihre Arbeiten, Dinge holen oder verstauen, Tisch decken, Schuhe gerade stellen. All das wusste sie, und es war richtig so. Das Kaninchen, ihr fröhliches, war auch richtig. Selbst wenn nur sie davon wusste und es jetzt verschwunden war. Während das Kind grübelte, blieb das Kaninchen verschwunden. Das war schade. Also schien wohl das, was alle wussten, richtiger zu sein. Von diesem Moment an achtete sie sehr genau darauf mitzubekommen, was alle wussten. Um so das Richtige zu tun.

Später, viel später, immer wenn sie sich nicht entscheiden wollte, wenn sie sich davonschleichen wollte, weil sie nicht ganz sicher wusste, wie sie etwas tun sollte, tauchte das Kaninchen auf. Das leichte, fröhliche. Lief durch ihre Erinnerung. Immer sah sie sich dann um. Sah, was die anderen taten, suchte nach dem Richtigen, nach dem, was alle tun würden. Erkannte so die Regeln, die galten. Entscheiden. Entscheiden war richtig. So entscheiden, wie es alle taten, war richtig. Regeln einhalten war richtig.

Am Morgen nach dem Nachtdienst war sicher, dort oben auf den Stationen ging es weiter. Sie stand unten im Keller vor den Tonnen für die gebrauchte Dienstwäsche. Die Oberärzte waren bei den Dienstübergaben dabei, und es ging sie jetzt nichts mehr an. Auch das Grübeln darüber würde nichts ändern. Also hatte sie die Wäschetonne zugeklappt, sich am Automaten einen Kaffee geholt und das Haus über die Einfahrt für die Krankenwagen verlassen. Hier war der Weg zu den Parkplätzen kürzer.

Sie erreichte ihr Auto und ließ das Krankenhaus hinter sich verschwinden. Zumindest versuchte sie es.

Es war der letzte Feiertagsdienst für sie. Ihre Taschen und Lebensmittelkisten lagen seit gestern im Auto. Ihre Arbeitstasche schob sie im Kofferraum zwischen das übrige Gepäck. Den Kaffeebecher klemmte sie in die Aussparung in der Konsole und zog aus dem Kofferraum ihren Schlafsack hervor. Den legte sie ausgepackt auf den Beifahrersitz für den Fall, dass sie müde werden würde. Sie kramte das Navi heraus, stöpselte das Kabel ein und stellte das Ziel ein. An einer ersten Autobahnraststätte würde sie haltmachen und frühstücken.

Mit lauter Musik aus dem Autoradio fuhr sie los. Die Lieder, die sie kannte oder nicht, sang sie mit, laut und falsch. Schnell hatte sie die Autobahn erreicht und schaltete nach kurzer Zeit das Autoradio wieder aus. Hatte sich die Autobahnschilder, die Markennamen der anderen Fahrzeuge laut vorgelesen und zählte laut die Insassen in den Wagen, die sie überholten. Sie fuhr langsam auf der rechten Spur. Das tat sie sonst nie. Sah in den Wagen, die sie überholten, das Tempo des Krankenhauses an sich vorbeifahren. War schweigend gefahren. Nicht nachdenken.

Da blieb sie dann alleine und müde und still. Immerhin.

Der Kaffee ist ausgetrunken, eine dritte Kanne wird sie nicht kochen. Während sie am letzten Bissen Brot kaut, sieht sie durch das niedrige Fenster nach draußen. Die Sonne wird von vereinzelten Wolken immer wieder verdeckt. Es trübt ein. Wind kommt auf. Die Kronen der Fichten werden davon träge bewegt. Das Wetter wird wohl nicht lange halten. Wenn sie nach draußen will, dann jetzt.

Die junge Frau kaut schneller. Fängt schon an, die Sachen auf dem Tisch wieder aufzuräumen. Dem Herdfeuer gibt sie noch zwei Scheite Holz. Hofft, dass die Glut hält, bis sie wieder hier ist.

Während sie die notwendigen Dinge tut, um das Haus warm zu halten und für sich wohnlich zu machen, verschwindet der Ärger über den Dienst, den Chirurgen und das Krankenhaus.

Sie wischt das Frühstücksbrett mit einem Lappen feucht ab und wäscht die Kaffeetassen aus. Denkt an ihr Handy und ob es hier im Wald einen Empfang gibt. Sie will ihr Telefon nicht brauchen müssen, wenn aber doch? Denkt, wie es wohl gehen würde, wenn sie das Gerät nicht hätte. Es würde vermutlich gehen. Wahrscheinlich würde sie sich genauso sicher fühlen wie jetzt oder so unsicher wie jetzt.

Sie kramt das Telefon aus ihrer Tasche und sieht nach. Ein blauer Balken. Das Gerät hat Empfang. Zwei verpasste Anrufe und eine frische Nachricht sind zu sehen. Zuerst starrt sie das Display einen Moment verwirrt an. Die Nachricht passt nicht hierher in die Hütte, das Handy passt nicht hierher. Als käme beides aus einer anderen Zeit, einer Gegend, die mit ihr nichts zu tun hat. Schnell schüttelt sie den Kopf und tippt die Nachricht auf. Es sei jemand krank geworden, ob nicht sie? Das Krankenhaus. Sowohl die beiden Anrufe als auch die Textnachricht. Sofort ist der Ärger wieder da. Sie tippt eine Antwort und schaltet das Gerät danach aus.

»Bin weit weg. Viel Schnee. Geht nicht, leider.«

Sie schmunzelt bitter und will sich die Antwort für später merken. Das Handy macht sie aus und packt es ganz nach unten zurück in ihre Reisetasche.

Nach ein paar Minuten zieht sie die Reisetasche wieder hervor und kramt das Handy wieder heraus. Sie schaltet es wieder ein und sucht nach einer Antwort auf ihre Nachricht. Nichts.

Das Nichts hält sie kaum aus.

Nein, sie wird nicht anrufen. Was würde sie tun, käme eine Antwort? Würde sie anbieten, zurückzufahren, hier abzubrechen? Sie weiß, dass sie nicht sicher ist. Ärgert sich, dass sie darüber nachdenkt. Dass sie es für möglich hält, zurückzufahren. Ärgert sich, dass sie gefragt wird.

Aber warum auch nicht? Niemand weiß, wo sie ist. Auf Arbeit nicht. Niemand ihrer Familie. Gar niemand. Es freut sie, dass sie hier allein ist. Niemand kann auch nur zu ihr hin denken, weil niemand weiß, dass sie hier ist. Tatsächlich hat sie ein Versteck gefunden. Wenn sie sich vorstellt, dass jemand an sie denkt, dann denkt er sie in ihrer Stadtwohnung. An einem verschlafenen Vormittag nach einem Dienstwochenende während der Feiertage. Vielleicht im Bademantel mit Wollsocken, einem späten Vormittagskaffee und einem Buch. Hier in der Hütte sieht sie niemand. Im Schnee, in der Kälte am Berg, in der Stille, mit ihren Büchern. So denkt sie es sich, für die nächsten Tage.

Die Entscheidungen des letzten Dienstes, die Entscheidungen überhaupt, lassen sie nicht in Ruhe. Sie nehmen Platz in der Stille der Hütte, mit dem Prasseln des Herdfeuers, im Alleinsein. Wie auch immer, ob das Kaninchen auftaucht oder nicht, es ist nie ganz richtig. Folgt sie den Regeln wie alle anderen, fühlt es sich manchmal nicht richtig an. Macht sie es so, wie es sich richtig anfühlt, verletzt sie die Regeln. Das ist nur schwer auszuhalten. Etwas fertig zu machen, was dabei nur unfertiger werden kann. Als gäbe es sie selber zweimal. Eine, die nach den Regeln entscheidet und sich dabei nicht wohlfühlt. Eine andere, die tut, was sie für richtig hält. Auch die fühlt sich nicht wohl, verletzt sie doch insgeheim die Regeln der anderen. Wäre die eine gern frei davon, fühlt sich die andere gebunden. Kein Kaninchen kann die beiden zusammenbringen. Dafür fehlen jegliche Regeln.

Einen Moment steht sie unschlüssig, sieht auf ihr Handy, schaltet es aber nicht wieder aus. Sie lässt es jedoch in der Hütte, als sie sich schließlich anzieht und nach draußen geht, endlich vor der Hütte steht, und diesmal auch an die Handschuhe gedacht hat. Sie streckt sich, blinzelt in die Sonne, sieht auf den Waldrand und erinnert sich an die Wege und Plätze, die sie als Kind gekannt hat.

Sie wird dem Weg den Berg hinauf folgen, den vorhin auch die alte Frau gegangen ist. Deren Spuren sind noch gut zu sehen. Weit wird sie nicht gehen, denn sie will sicher sein, den Rückweg zu finden. Auch kann sie in den vorgetretenen Spuren gehen und muss nicht durch den ganz frischen Schnee stapfen. Die alten Schneeschuhe in der Hütte wird sie sich heute Abend ansehen und prüfen, ob die noch zu gebrauchen sind. Nimmt sie sich vor.

Sie macht sich auf den Weg bergan. Zieht ihren Schal halb über das Gesicht, um sich vor dem Wind zu schützen, der immerhin ungewohnt ist für sie, wenn auch nicht wirklich scharf. Geht immer in den Spuren, die die Alte gemacht hat. Die kleinen Schritte, die durch die Spuren vorgegeben sind, bereiten ihr keine Mühe. Allerdings ist der Hang steiler als gedacht. Ungewohnt ist die Anstrengung, und sie muss sich beim Aufstieg gegen den Berg lehnen. Es überrascht sie, wie schnell sie außer Atem gerät. Wie anstrengend der Aufstieg ist. Ihr lautes Schnaufen ärgert sie. Eigentlich wollte sie das Kindervergnügen von damals mit seinen Wegen und Plätzen finden. Die Anstrengung gehört nicht dazu. Sie schnauft und stiefelt in den Trittspuren der alten Frau und das erwartete Vergnügen findet sie nicht. Der Wind wird kälter, sobald die Sonne hinter den Wolken verschwindet. Wahrscheinlich ist sie noch müde von der Fahrt hierher und dem Nachtdienst davor. Ihre Oberschenkel fangen erstaunlich schnell an zu brennen. Und sie ahnt den Muskelkater, den sie am nächsten Tag zu erwarten hat. Also kehrt sie bald wieder um und steigt in den ausgetretenen Spuren wieder nach unten zur Hütte.

Zurück in der Wärme der Stube brennt ihr Gesicht. Noch lässt sie die Jacke an und sieht im Herd nach dem Feuer, pustet die Glut wieder wach und legt Holz nach.

Ihr Gesicht brennt und sie ist müde. Die Wärme in der Hütte tut ihren Teil dazu, drückt auf die Augenlider. In der Kammer mit dem Bett ist es kalt. Hier in der Stube schafft das Holzfeuer im Herd mittlerweile eine wohlige Wärme. Also holt sie die Decke und das Kopfkissen in das warme Zimmer und steuert auf die Küchenbank zu. Unschlüssig hält sie inne. Es ist die Küchenbank. Keine Schlafliege.

Zum Schlafen gehört man ins Bett. So wäre es richtig. Mit dem Bettzeug auf der Küchenbank zu liegen war sicherlich nicht richtig. Die Frau gähnt und schüttelt den Kopf. Keiner weiß, dass sie hier ist. Wer sollte auf die Regeln achten? Sie muss kichern und wundert sich. Ein Kinderkichern. Nichts, was zu ihr gehört, eigentlich. Während sie sich ein Lager auf der Küchenbank macht, beschließt sie, sich nur kurz hinzulegen, nicht zu schlafen. Hört sich kichern und verhandelt mit sich. Ein kurzes Hinlegen verstößt nicht gegen die Regel. Dabei hat sie das Gefühl, sie würde sich mit sich selber verbünden, um etwas Heimliches zu tun.

Noch im Einschlafen, sie ist so müde, dass nicht einmal das harte Holz der Küchenbank sie stört, im Einschlafen hört sie das Klopfen und Rütteln des Windes an den Ecken des Hauses und an den Fenstern. Gerade noch ahnt sie dunkel, warum diese Fenster so klein und eingerückt in der Hüttenwand liegen. Schon in ihren Schlaf hinein rüttelt und klopft es und sie sieht den Raben vor sich sitzen. Sie ist sich nicht sicher, ob er mit dem Schnabel gegen ihren Schlaf klopft. Wieder die schwarzen Augen, die sie anblicken. Diesmal sagt er nichts.

Die Hütte hockt am Hang, duckt sich in den Schnee und befindet es für richtig, dass die Frau sucht. Allerdings weiß die Frau nicht, dass sie sucht. Sie hat es nicht vergessen. Es ist ihr noch nicht eingefallen.

Der Rabe sieht sie an, sagt nichts. Sie kann sein Bild nicht halten und schlittert in einen anderen Traum.

Sie ist zu Besuch in ihrem Krankenhaus. Zu Besuch. Das kommt ihr eigenartig vor, aber sie ist tatsächlich nicht zum Arbeiten hier. Da ist sie sich sicher. Aus irgendeinem Grund hat sie jedoch über ihrer normalen Kleidung einen Arbeitskasack an. Sie steigt durch das Treppenhaus, hat ein Ziel. Kann sich aber nicht entsinnen, welches. Nachdem sie durch eine Tür auf einem Treppenabsatz gegangen ist, findet sie sich in einer fremden Abteilung wieder und muss sofort aushelfen. Es ist offenbar mitten am Vormittag, rege Geschäftigkeit auf der Station. Diese Betriebsamkeit kennt sie. Der zuständige Arzt ist nicht zu sehen. Da kommt ein Grüppchen Ärzte durch den Gang, die Kollegen ihrer eigenen Abteilung, die ihr freundlich zunicken und im Treppenhaus verschwinden. Sie wundert sich, folgt ihnen jedoch nicht, denn sie weiß, sie hat hier zu tun. Wenn ihr auch immer noch nicht einfällt, was genau sie tun will. Ein lautes Notfallsignal ist zu hören. Sie setzt sich in Bewegung und steht vor dem Zimmer, über dessen Tür die Alarmlampe blinkt. Der zuständige Kollege ist immer noch nicht zu sehen. Also bückt sie sich zu dem Patienten, der in der engen Zimmerschleuse auf dem Boden liegt, und versorgt ihn. Die Krankenschwestern sehen sie an und warten. Der Kollege, bei dem sie sich nicht erinnern kann, wer es ist, obwohl sie ihn kennt, kommt nicht.

Die Frau beobachtet sich beim Träumen. Sieht sich diesen Patienten versorgen, sieht die Schwestern stehen und will nichts mit alldem zu tun haben. Schickt die eine Schwester zum Telefon, eine andere Infusionsbesteck holen und die Dritte nach einem Briefumschlag. Und ist sicher, dieser letzte, absurde Auftrag, wird die drei aus ihrer Erstarrung holen. Sie im Traum denkt das ganz logisch und wartet auf eine Reaktion. Der Traum wird unscharf und langsamer, und es gelingt der Frau, sich aus den Bildern zu lösen.

Sie wacht aber nicht auf, sondern sieht sich in ihrem eigenen Wohnzimmer zu Hause. Dort tanzt sie mit ihrer einjährigen Nichte, die noch wackelig auf den Beinen ist, im Kreis um den Teppich. Beide sind nackt, beide klopfen sich kichernd mit den Händen auf den eigenen Bauch und singen dabei: »… das ist mein Bauch, das ist mein Bauch …«

Die Kleine versucht, mit ihren Händen an ihrem glatten Bäuchlein die Wölbungen des Frauenbauches der Tante nachzuformen und sieht kichernd auf. Die Mutter des Mädchens kommt dazu mit einem Knäuel Wolle und einer Strickarbeit in den Händen und bleibt am Rand des Teppichs stehen.

»Macht nur.«

Offenbar will sie nicht, dass die beiden ihr Spiel unterbrechen.

»Ich muss hier fertigwerden. Am Ende wird's grün.«

Die strickende Frau arbeitet weiter, steht und sieht immer mal zu den beiden auf dem Teppich. Als wäre der eine Bühne, betritt die Zuschauerin ihn nicht.

»Du kannst stricken?«

Weiter kann die Frau nicht fragen und sich wundern, sie muss wieder im Kreis tanzen.

»Das sind schöne Sachen!«

Die Alte sieht in die Kisten mit den Lebensmitteln, die die Junge mitgebracht hat und die immer noch mitten im Zimmer stehen. Viele Nudeln, eingelegtes Gemüse in Gläsern, Pesto, Pasteten und Brotaufstriche. Der Karton mit dem Rotwein steht auf der Anrichte. Tee in einer bunten Packung und natürlich Kaffee.

»Sind schöne Sachen.« Die Alte mustert den Kisteninhalt und nickt erneut: »Nur heute, heute braucht's eine richtige Suppe. Eine feuergekochte.«

Die Alte sieht die Junge einen Moment an, hebt dann entschlossen ihren Weidenkorb auf das Ende der Küchenbank, zu dem die Füße der Jungen unter der Decke zeigen, und beginnt, in ihren mitgebrachten Vorräten zu kramen.

Die Junge starrt die Alte an und ist nach einer Weile sicher, die ist wohl echt. Macht echte Bewegungen. Kramt sehr echt in ihrem Korbrucksack. Die Junge weiß nicht recht, wie man nennt, was sie da sieht, aber genauso sieht das Ding aus, wie ein Rucksack aus Korbgeflecht. Auch die Lebensmittelkisten sind echt, die hat die junge Frau genau dort stehen gelassen, wo sie jetzt stehen.

Die Stimme der anderen klingt immer weniger dumpf. Nur wenig später versteht die Junge auch, was die Alte da redet. Ihrer beider Zeiten passen wieder aufeinander, und die Junge taucht auf aus dem dumpfen Dazwischen des Aufwachens. Sonst ist sie wach, wenn sie aufwacht. Dieses Dazwischen kennt sie nicht. Einer der Oberärzte in der Klinik klettert genauso mühsam aus dem Schlaf. Sie weiß das. Wenn sie ihn nachts anrufen muss, redet sie Belanglosigkeiten. Bis sie weiß, er kann ihr folgen. Erst dann beginnt sie mit dem Wichtigen.

Von sich selbst kennt sie das nicht. Ist aber nur überrascht, gar nicht ärgerlich. Auch das verwundert sie.

Vielleicht war ja doch irgendetwas zu viel für sie? Irgendwas, was ihr gerade etwas anhaben konnte, obwohl es ihr bislang nie etwas ausgemacht hatte? Irgendwas, was sie anders sein ließ? Vielleicht zehrte sie über die Jahre von etwas, das sich irgendwann aufbrauchte? Geht Älterwerden mit einem Mal? Heute müde und morgen war es passiert und zu spät, und alle Knochen tun ihr weh?

Sie schüttelt das Durcheinander der Gedanken ab, ist wieder im Wohnraum und sieht die alte Frau hantieren.

Die Junge ist nicht sicher, ob es richtig ist, dass die Alte hier in ihrer Hütte steht und wie selbstverständlich Sachen aus dem Tragekorb auspackt. Sie rechnet damit, dass das Kaninchen auftaucht und verlangt, etwas zu tun. Doch das Kaninchen bleibt weg. Schwerfällig schüttelt die junge Frau den Kopf und beschließt, hier ist nicht ihre Arbeit, nicht ihre Wohnung in der Stadt. Hier ist der Berg, die Hütte, die wohl auch die Hütte der Alten ist, selbst wenn ihrer eigenen Familie das Haus gehört. Tatsächlich hat sie keine Ahnung, was hier in den Bergen, an einem Hang in so einer Hütte im Winter üblich ist. Also wird sie abwarten und jetzt nichts tun. Also auch nicht die Alte aus der Hütte werfen.

Die Junge brummt und schält sich unbeholfen aus der Decke. Es war nur als kurzes Hinlegen und Ausruhen gedacht, aber sie hat wohl tatsächlich tief geschlafen. Ihr Kopf brummt, ihr Rücken schmerzt von der harten Küchenbank und die Gelenke sind steif. Sie schafft es, sich aufzusetzen und dabei die Decke beim Umschlagen nicht auf den Tisch zu werfen. Noch sehr ungläubig sieht sie auf die Alte und versucht zu verstehen, was die tut.

Unwillig erinnert sie sich an die beiden Träume und dann an den Raben beim Einschlafen. Es ist ihr überhaupt nicht recht, dabei beobachtet zu werden. Also reibt sie sich mit den Händen schnell über das Gesicht. Murmelt einige Worte und weiß nicht so recht, was ihr da vor dem Denken aus dem Mund fällt. Steht dann von der Holzbank auf und trägt ihr Bettzeug in die Kammer. Kommt sich vor wie ein ertapptes Kind. Dabei ist es doch ihre Hütte, und die Alte ist zu Besuch. Oder irrt sie da?

Noch müde und verschlafen steht sie wieder in der Tür der Kammer. Das Bettzeug hat sie einfach abgeworfen. Sieht in das große Zimmer und beobachtet immer noch ungläubig die alte Frau bei ihren Handgriffen am Tisch.

Die sieht jetzt zu ihr auf und deutet mit einer Kopfbewegung auf das Gemüse auf dem Tisch.

Die Junge versteht, holt sich ein Schneidebrett aus dem Schrank und ein Messer und setzt sich an den Tisch. Muss unwillig lächeln. Wie ein Mädchen, das zum Helfen in die Küche gekommen ist, so hockt sie da. Steht dann schnell wieder auf und setzt einen Kessel mit Wasser auf den Herd neben den großen Topf mit Wasser, der dort schon steht. Zuerst hat sie nach dem Wasserkocher gegriffen, sich dann aber für den Kessel entschieden. Der gehört zur Hütte. Den Herd hatte die Alte offenbar neu eingeheizt, bevor die Junge aufgewacht ist. Ein Feuer prasselt hinter der Metallklappe.

»Für Tee.«

Die Alte nickt zufrieden und ordnet das Gemüse auf dem Tisch. Nimmt sich selber die Karotten und schiebt der Jungen die Kartoffeln zu.

»Schneid die in Würfel. Und schäl sie vorher.«

Die Junge atmet hörbar tief ein, nickt dann und beginnt zu arbeiten, ohne etwas zu sagen. Schielt dabei an der Alten vorbei zum Fenster und versucht, nach draußen zu sehen. Dort ist es dunkel. Sie hat geschlafen. Es muss Abend sein. Die beiden arbeiten eine Weile stumm. Nur das Klacken der Messer auf den Brettern und das Schneidegeräusch beim Schälen der Kartoffeln sind zu hören. Die Junge konzentriert sich, um die Schalen so dünn wie möglich zu halten und möglichst lange Schalenschlangen hinzubekommen. Eine Angewohnheit ihrer Großmutter. Die eine Kartoffel schälen konnte, ohne ein zweites Mal anzusetzen.

Dann fragt die Alte unvermittelt: »Welche von euch dreien biste denn?«

Die junge Frau erschrickt. Lange schon ist sie nicht mehr rot geworden. Lange schon war sie nicht so unhöflich wie heute hier oben. Etwas ist anders mit ihr. Sie hat weder heute Morgen noch jetzt daran gedacht, sich vorzustellen. So selbstverständlich hantiert die Alte hier, als gehöre sie zur Hütte.

»Die jüngste, Katharina.«

Die jüngste der drei Schwestern nach dem deutlich älteren Bruder. Die Jüngste also überhaupt.

Katharina legt ihr Messer weg, springt auf, hofft, dass die andere ihre Verlegenheit nicht bemerkt und gießt mit dem mittlerweile kochenden Wasser im Kessel den Tee auf. Dann holt sie zwei Tassen aus dem Regal und stellt beide auf den Tisch.

Die Alte nickt und sieht die Junge wieder prüfend an. Hat eben deren Aufwachen beobachtet. Die alte Frau kann einer Person ansehen, aus was für einem Schlaf sie kommt. Sie behält die Junge beim Kartoffelschälen im Auge und beim Teeaufgießen. Als würde sie die Bemerkung von heute Morgen aufgreifen, fragt sie: »Wieder geträumt?«

Katharina nickt, versucht die Bilder zu ordnen. Sie träumt zu Hause eigentlich nicht. Zumindest kann sie sich an nichts erinnern aus den Nächten zu Hause. Hier und jetzt schiebt sich ein Traum immer wieder nach vorn. Ist das überhaupt ein Traum? Ist der Rabe nicht viel zu wirklich?

Die junge Frau erzählt vom Raben, während sie wieder am Tisch sitzt und weiter die Kartoffeln schält und zerteilt, weiter auf die dünnen Schalenschlangen achtet und so die Alte beim Erzählen nicht ansehen muss. Sieht also nicht, dass die Alte mit einem Mal stur auf ihre Karotten sieht und deren Bewegungen fester und langsamer werden.

*

Ausgerechnet als Rabe hat sich der Bote gezeigt. Das konnte ja heiter werden. Das Kind war beileibe nicht das begabteste der drei Mädchen gewesen. Nicht mutig. Nicht lebendig.

Irmelin hatte sie stehen sehen. Sie erinnert sich gut. Die beiden anderen Mädchen laut, immer unterwegs, immer schnell. Dieses hier immer ein bisschen wartend. Fehlte oft nicht viel, und es hätte geweint. Hatte den beiden anderen nachgesehen. Ist nicht in den Wald gelaufen, allein, und hat die kleinen Sommerarbeiten erledigt, die ihm aufgetragen waren. Abtrocknen, Apfelschalen wegtragen. Solche Arbeiten.

Brav ja, ein braves Kind. Und gerade die sucht die Hütte aus. Ausgerechnet.

Irmelin versteht es nicht.

*

Die junge Frau hat wohl aufgehört zu sprechen, und Irmelin, die an der anderen vorbeigehört hat, sieht auf. Sie legt das Schälmesser und die Karotte auf dem Brett ab und betrachtet die Junge.

»War dumm, oder?«

Irmelin seufzt. Sie hat nicht gehört, was die Junge zuletzt erzählt hat. Weiß nicht, was sie gefragt hat. Allerdings ist sie noch so unwillig über die Wahl der Hütte, dass sie es gar nicht wissen will und nicht nachfragt. So seufzt sie nur und murmelt: »Nein, nein.«

Sie versteht es nicht. Als Rabe. Dieses Kind da wird keine Ahnung haben, wie ihm geschieht. Die junge Frau ihr gegenüber blickt sie immer noch an, wartet.

»Nein, nein«, wiederholt sie. »Dumm nicht. Musst auf deine Träume achten.«

Sie will nichts erklären. Spürt wohl, dass die Junge wartet. Die sitzt vor ihr, nickt kaum merklich und sieht sie an.

Aber wieso erklären? Die wird's sehen. Oder eben nicht.

Dann nimmt die Alte das Messer wieder auf und schneidet die letzten Karotten. Schiebt sich dann von der Bank und trägt das Brett mit den Karottenstücken zum Herd und zum Topf, in dem inzwischen das Wasser kocht. Lässt alle Karotten ins Wasser rutschen und sieht sich zu der Jungen um, die eben mit den Kartoffeln fertig wird.

Katharina wartet, belauert die Alte, wartet auf eine Erklärung. Immer wieder redet die andere von Träumen. Heute Morgen und jetzt auch. Nun sagt sie nichts mehr. Klein, drahtig, aufrecht geht die alte Frau die paar Schritte durch die Stube und schiebt ihre Karotten ins Wasser und wendet sich um zu ihr. Sieht auf die gewürfelten Kartoffeln auf ihrem Schneidbrett und macht eine kleine Kopfbewegung. Vielleicht ein Nicken. Vielleicht ist sie zufrieden. Die Alte tritt zum Tisch, nimmt sich das Brett mit den Kartoffelwürfeln, trägt auch das zum Topf und schiebt die Stücke den Karotten hinterher. Offenbar ist sie es gewohnt, die Dinge allein zu erledigen. An Gesellschaft wohl eher nicht. Alles tut sie schweigend, scheint jetzt die Junge gar nicht zu sehen. Mit einem Holzlöffel rührt sie im Kartoffelkarottenwasser und will offenbar nicht mehr über Träume reden. Katharina ist mit einem Mal gar nicht mehr sicher, ob die Alte wirklich nach Träumen gefragt hat. So sehr ist nicht mehr die Sprache davon.

Sie weiß nicht recht, was sie von der alten Frau halten soll, die sich hier bewegt, als sei dies ihre Küche, ihre Hütte. Die Alte ist eher klein und schlank, oder besser zäh. Geht sehr gerade und trägt die grauen Haare zu einem Knoten aufgebunden. Ihre Hände sehen nach Arbeit aus, ihre Kleidung auch und ihre zügigen, klaren Bewegungen sowieso. Ihr Alter ist schwer zu schätzen. Wind, Sonne, Wetter sind in ihrem Gesicht zu sehen, aber nicht ihr Alter. Schon damals, als die Junge Kind war, kam die Alte ihr sehr alt vor. Das aber gilt nicht, es ist eine Kindererinnerung. Wohl waren alle Menschen, jenseits des Alters ihrer Eltern, für sie alt. Jetzt sieht sie ihr beim Rühren zu, und sie erscheint ihr mürrisch, misstrauisch. Alt.

Wie viel gibt sie auf die Mahnung, sie solle auf die Träume achten? Vielleicht ist das etwas, das alte Frauen manchmal vor sich hin sagen und hat keinerlei Bedeutung. Allerdings ist die Alte hier hochgestiegen, um mit ihr eine Suppe zu kochen. Wohl eher keine Angewohnheit einer alten Frau.

Katharina ist hierher gefahren, ohne dass ihre Familie davon weiß. Ohne dass ihre Kollegen in der Klinik davon wissen. Sie will allein sein. Mit den Büchern, dem Schnee, der Stille. So dachte sie es sich beim Losfahren. Das Denkknäuel entwirren oder am besten gar nicht denken. Aber gerade kommen eher neue Fadenenden hinzu, dröseln sich nicht auf und verknoten sich bereitwillig mit dem altbekannten Knäuel. Jetzt sieht sie der Alten beim Kochen zu und steht wieder vor einem Rätsel. Über das sie eigentlich nicht nachdenken will.

Die Alte rührt langsam, holt tief Luft. Aus weiten Gedanken kommt sie zurück in die Küchenwirklichkeit.

»Weißt, jetzt kochen wir 'ne Suppe zusammen. Jetzt sollst mich auch beim Namen kennen.«

Die junge Frau erschrickt wieder und schämt sich sofort. Wird rot, hält den Atem an und hofft, die Alte bemerkt es nicht. Schämt sich so plötzlich und so tief, als sei sie ein Kind und das Gefühl neu.

Sie hat den Namen der Alten nicht vergessen, sie hat ihn nie gewusst. Schon früher in den Urlauben auf der Hütte hieß sie immer nur »die Alte«.

»Weiß schon, ihr habt mich früher immer nur ›die Alte‹ genannt.«

Die Junge fühlt die heißen Wangen, hält die Luft an, beißt sich auf die Lippe, murmelt etwas, was eine Entschuldigung meinen könnte, aber ganz sicher nicht zu hören ist. Sie bekommt mit, dass die Alte sehr wohl ihr Schämen bemerkt, es aber nicht kommentieren wird. Da kann sie wieder Luft holen. Kann die andere wieder ansehen.

»Irmelin bin ich. Aber die Alte ist schon auch recht.« Dabei verzieht sie die Mundwinkel. Mürrisch? Lächelt sie?

»Irmelin.« Katharina probiert den Namen der anderen.

»Es freut mich sehr.« Sie redet sich aus der Scham. »Bin wirklich froh, dass du hier bist, Irmelin.«

Ein scharfer, forschender Blick der Alten. Nein, die ist keine alte Frau, die Sätze aus Gewohnheit wiederholt.

Katharina wird nicht schlau aus ihr, aber sie kochen gemeinsam eine Suppe.

*

Der junge Wind, der sich immer noch um Hütte, Berg und Hang herumtreibt, sieht die junge Frau, sieht sie sich wundern und nicht wissen. Sieht ihre klaren, zielstrebigen Bewegungen, wenn sie eine Aufgabe hat. Und sieht die unentschlossen wartende Haltung, wenn ihr die Aufgabe fehlt. Der junge Wind sieht die Fragen der jungen Frau, die keine Fragen sind, sondern Entscheidungen wären, wenn sie sie denn erkennen würde. Weil die Entscheidungen, mit denen sie hadert, sie nicht zu den Fragen führen, die sie sich stellen will, von denen sie aber noch nichts weiß. Der junge Wind sieht die alte Frau und keinerlei Fragen in ihren Bewegungen. Nur einen Ärger, dessen Grund sie noch nicht kennen kann, wie er weiß.

Wind ist nicht Wind. Dieser junge Wind hier ist ein schneller, schlauer Beobachterwind. Wie sie gern in Zeiten, in denen sich etwas Ungewöhnliches ankündigt, über das Land streichen. Wie einfach wäre es, könnte man diese Winde belauschen. Dafür ziehen sie aber nicht herum. Sie lassen sich nicht belauschen. Der hier sammelt, sehr gut gelaunt, was er findet. Daran hat er so viel Vergnügen, dass das Weitergeben des Gesammelten für ihn völlig uninteressant ist. Er streift herum, sammelt, was er findet, und er kennt die anderen Winde. Wenn auch noch jung, so streift er doch schon lange Zeit durch die Welt.

Da gibt es die klaren, geraden Steppenwinde, die meist aus Osten her wehen, die einen klaren Geruch nach ganz frischem Frühlingsgrün und gerade geschmolzenem Eis tragen.

Die staubigen schweren, mächtigen Winde aus dem Süden, die eine Erinnerung an sirrende Hitze mit sich bringen.

Die Westwinde, die mal nach tiefen, dunkelgrünen Wäldern klingen und manchmal den Leuten an den Berghängen glauben machen, sie könnten das Meer riechen.

Und ein alter, alter Wind, der einen Hauch Norden herweht, wie das Schnauben der alten Herden, das Rauschen der alten Wälder, der wettergedrehten Kiefern über der Tundra und der zwergigen Birken um die Lagerplätze. So ein Wind ist das, der die Menschen das Schlafen vergessen lässt, der sie ruft und sie den Norden hören lässt.

Die kleinen vergesslichen Winde. Wobei klein auf keinen Fall jung heißt. Uralt sind die. Tauchen irgendwann auf, haben keine feste Zeit, haben keine Richtung, wirbeln verspielt dort herum, wo es ihnen gefällt, und verschwinden wieder. Die lavendelweichborstigen Winde, die die Haut der Menschen und die Flügel der Zugvögel verwirren.

Viele mehr gibt es, und der junge Wind, der sich um die Hütte herumtreibt, kennt sie. Manchmal trifft er sie und hört, was sie mit sich bringen.

Es gibt wenige Winde, denen er besser nicht begegnet. Auch von denen weiß er. Sie kommen nicht aus einer Himmelsrichtung oder einer Gegend, wie den anderen das sonst anzuschmecken ist. Woher sie kommen, kann er bestenfalls ahnen, aber nicht sagen oder wissen. Sie kommen aus einer nicht zu nennenden Gegend. Nach einem Landstrich oder einem Ort zu suchen, wäre auch gänzlich verkehrt. Sie kommen nirgendwoher. Sie sind die ältesten und reinsten und damit die unmittelbarsten Winde. Sie kommen irgendwoher, wo eigentlich nichts herkommen kann. Weil es den Ort nicht gibt. Gäbe es ihn, würden diese Winde dort nicht entstehen. Um zu entstehen, brauchen sie das Nichts. Kein Vorher, kein Nachher, kein Bild von auch nur irgendetwas. Nur dann kann wach werden, was sie mit sich tragen. Sie kommen von einem Ort ohne Vorher und ohne Nachher, von dort, wo die Zeit entsteht. Denn sind sie erst geboren und unterwegs, kennen sie ein Vorher, und ein Nachher wartet auf sie. Sie tragen, was in ebendiesem Ort, den es nicht geben kann, wach geworden ist.

Kein Wind, der einen wirklichen Ort hat, an dem er entstanden ist, will genau wissen, was sie tragen, oder gar mit ihnen zu tun haben. Diesen Winden begegnet er besser nicht, der junge Beobachterwind. Bei aller Neugier, die er nun mal im Grunde seines Wesens ist, der junge Wind hat keine Lust zu erfahren, was diese Winde mit sich bringen. Zum Glück sind sie nur selten unterwegs, und ihr Auftauchen ist lange im Voraus zu ahnen.

Der junge Wind trifft sich mit einem anderen Wind, einem graualten. Die beiden verlassen den Berghang und sausen durch zwei Dörfer. Wehen ein altes Storchennest von einem Strompfahl und sind sich einig. Diesem Großen aus der Gegend vor den Zeiten, der sich ankündigt, werden sie ausweichen. So weit, bis sie nichts mehr davon hören, dass es ihn geben könnte.

✳

Die alte Irmelin kramt ein Glas aus ihrem Weidenrucksack und öffnet es mit schnellen Handgriffen. Eingekochtes Hühnerfleisch. Sie fragt die Junge nicht, sondern gibt das Fleisch in die Suppe und rührt erneut um. Scheint wohl so zu gehören, denkt Katharina und fühlt sich wieder wie das Mädchen von damals, im Sommerurlaub. Sitzt auf der Küchenbank und schaut der Alten bei den Arbeiten zu. Tut, was ihr zugewiesen wird, und dabei ist es doch ihre Küche, in der sie beide hantieren. Knapp schüttelt sie den Kopf, will den Gedanken loswerden, will nicht ärgerlich werden.

Also fragt sie die Alte besser nach den Dingen hier, mit denen die sich auskennt. Nein, nicht nach den Träumen, das wohl eher nicht.

»Heute Morgen? Was sind das für Nächte, diese dunklen?«

Für einen Moment scheint es, als hätte die Alte sie nicht gehört, doch dann seufzt sie. Oder atmet einfach tief aus. Katharina will nicht, dass ihre Frage wieder bei den Träumen landet.

»Und was ist das für eine Jagd?«

»Ach, Mädchen. Das sind so Geschichten«, sagt die alte Frau

und scheint nicht recht bei der Sache. Rührt und sieht in den Topf, und bewacht wohl die Suppe. Die Junge lehnt sich zurück und beobachtet die Alte. Sieht sie wie abwesend in die Suppe starren und rühren. Eine ganze Weile. Also wohl doch nur Gerede.

»Du musst achtgeben mit den Geschichten.« Ein scharfer Seitenblick der Alten fegt so schnell an ihr vorbei, dass Katharina nicht sicher weiß, ob sie ihn tatsächlich gesehen hat.

»Musst achtgeben. Manchmal fangen sie dich ein, die Geschichten.« So sagt sie dann auch, die alte Frau.

Die Junge beugt sich vor, legt die Unterarme auf die Tischplatte. Ob es Sinn macht nachzufragen? Oder soll sie warten? Dass sie mehr wissen will, ist ihr anzusehen.

Irmelin guckt wieder in den Topf und rührt langsam. Mit gleichmäßigen Bewegungen.

»Die wilde Jagd, jedes Jahr um diese Zeit. Möcht' die Hollerin selber sein, die herumzieht und sieht, ob alle die Ruhe einhalten, die geboten ist. Und die wilden Reiter hinter Wotan und mit dem braven Eckart. Denen geh aus dem Weg. Sieh zu, dass du nicht draußen bist in der Nacht. Und dass nichts draußen ist von dir, in dem sie sich verheddern könnten.«

»Ah, das Bettzeug?«

Die alte Irmelin nickt schnell.

»Und den«, sie deutet auf den Rotweinkarton auf der Anrichte, »den lass besser weg. Macht die Grenzen dünner, das sind sie eh schon.«

»Die Grenzen wohin?«

Die Alte sieht die Junge an, scheint kurz zu überlegen und wendet sich dann mit einem kaum merklichen Schulterzucken wieder dem Topf zu. Die Junge schaut ungläubig zurück und weiß nicht, was sie davon halten soll.

»Der Eckart, die Reiter, die Hollerin selber? Wer soll das sein?«

Die Alte seufzt, als müsse sie einem Kind erklären, was wohl eigentlich nicht erklärt werden muss.

»Eine gute Suppe brauchste. Jeden Tag einen Teller davon. Und hör einfach nicht auf den Wind. Hör auf deine Träume!«

Da sind sie wieder, die Träume. Katharina sieht schnell auf. Sieht, wie die Alte zufrieden den Kochlöffel am Rand abschlägt. Den Deckel auf den Topf legt. Ihre Sachen zusammensucht, Katharina mit einem Schlenkern der Hand zuwinkt und auf ihren Weidenrucksack zeigt.

»Die Kiepe, reich mir die Kiepe.«

Ah, eine Kiepe also. Katharina reicht ihr den Korb, und die Alte packt ihre Sachen hinein. Nein, sie wird nicht mitessen. Sie will nicht zu spät den Berg hinunter.

»Lass sie noch zwei Stunden köcheln, hier am Rand der Herdplatte. Tut der Suppe gut. Und lass das Feuer nicht ausgehen.«

Überrascht will die Junge protestieren. Noch hängen ihre Fragen in der Luft, mit dem Suppengeruch und der Herdwärme. Aber Irmelin schlüpft schon in ihre dicke Jacke. Die Stiefel hatte sie gar nicht ausgezogen. Hebt sich ihre Kiepe, die jetzt fast leer und leicht ist, auf die Schultern und greift nach ihrem Stock. Bevor sie geht, zieht sie einen Fichtenzweig aus der Tasche.

»Häng den vor die Tür! Schützt das Vieh vor der wilden Jagd, sagt man. Wird auch beschützen, was du hier hast.«

»Aber ich hab hier nichts.«

Mit einem Lächeln, das Katharina wieder nicht deuten kann, und einem Kopfwiegen murmelt die Alte: »Werden sehn.«

Irmelin steht an der Schwelle des Hauses, horcht noch einen Moment prüfend nach draußen. Wirft der Jungen einen schnellen Blick zu und ist dann mit wenigen Schritten im Nachtdunkel verschwunden.

Katharina blinzelt nach draußen. Tief dunkel ist es vor der Hütte. Trotz des Schnees, der eigentlich die Nacht heller machen sollte. Und still. Nur ist das nicht die Stille, die sie sich vorgestellt hatte.

Aber was weiß sie schon von den Bergen, von den Wäldern hier oben? Von der Bergstille?

Ein Wind kommt auf. Wird zügig stärker. Die wilde Jagd? Na wunderbar. Kaum zieht die Alte davon, nachdem sie ihr diese Geschichten erzählt, die sie nur andeutet und im Dunkeln lässt, da zieht hier ein fegender Wind auf. Der greift jetzt nach den Bäumen, rüttelt am Haus, und Katharina hat das merkwürdige Gefühl, die Luft sei dichter als sonst. Als lauere das Walddunkel um die Hütte. Und sei nicht einfach nur ein Nachtdunkel im Wald.

Sieh zu, dass du nicht draußen bist in der Nacht.

Katharina schüttelt sich, klemmt schnell den Fichtenzweig in dem Spalt zwischen einem schrägen und den vielen senkrechten Balken der Tür fest. Dann geht sie wieder nach drinnen und drückt die Tür fest zu. Bleibt noch hinter der Tür stehen, hat die Hand flach an das Holz gelegt und horcht nach draußen.

Sie will nichts geben auf das Reden der Alten. Aber das Reden hat längst seinen Weg in sie gefunden.

Woher weiß diese Irmelin, was das Richtige ist, an so Abenden? Eine Suppe mit einer Stadtfrau kochen? Nie hat sie von jemandem gehört, der das täte. Nie von solchen Geschichten wie der vom Wind und einer Jagd. Schon gar nicht, dass wer was tut, weil eine Geschichte denken lässt, es wäre nötig.

Katharina steht, denkt der Alten nach, fürchtet sich vor dem Wind und ist traurig.

Versteht weder das eine noch das andere.

Irmelin stapft bergab durch den Schnee. Den Forstweg kennt sie gut, sie kann also auch im Dunkeln zügig gehen. Immer mal hört sie wachsam auf den stärker werdenden Wind, aber wirklich Sorgen macht der ihr nicht. Den Weg kennt sie, den Berg und wohl auch den Wind, der jedes Jahr um diese Zeit hier weht. Anders als sonst im Jahr.

Allerdings wird sie mit jedem Schritt bergab wütender. Als Rabe, ausgerechnet als Rabe! Wie gut, dass sie erneut den Weg hier herauf gemacht hat. Nur so weiß sie davon. Mit der Suppe hat sie sich das Gespräch erkauft. Erschlichen? War das unehrlich? Nein, das kommt ihr nicht falsch vor. War nicht die Hütte unehrlich zu ihr? Und der Rabe? Wäre es nicht recht gewesen, hätte er zuerst mit ihr gesprochen? Wenn sie's nicht gespürt, wenn sie's nicht geträumt hätte, sie wüsste noch immer nichts von der Jungen da oben. Sie hat allen Grund, wütend zu werden. Mit jedem Schritt bergab wächst ihre Wut.

Bis sie mit einem Mal die Rabenschwingen neben sich spürt. Es ist kein Geräusch, die Schwingen sind nicht zu hören, es ist eher ein Wissen. Mit einem schnellen Seitenblick erkennt sie ihn, dafür braucht es kein Licht, sie würde ihn immer erkennen, und bleibt stehen. Sieht aber weiter auf den abschüssigen Weg und holt Luft.

»Warum zeigst du dich ihr als Rabe?«

Irmelin klingt trotzig und erstaunlich jung.

»Wie sonst sollte ich mich ihr denn zeigen?«

Sie stutzt.

Wie sonst? Die Alte steht mitten auf dem Weg, sieht den

Hang hinunter. Das Erschrecken schleicht sich erst an und überfällt sie und ist mit einem Mal so mächtig, dass sie nicht recht weiß, wohin mit sich. Sie erkennt einen Irrtum. Da, wo sie sich bislang sehr sicher war.

»Wie? Du zeigst dich nicht nur mir so? Du bist tatsächlich … so?«

Das Erschrecken und jetzt die Scham. Ihre Vorstellung, sie sehe ihn als Raben, weil er sich ihr so zeige. Die Annahme, dass er nur zu ihr käme. Offenbar falsch. Sie war so sicher bisher. Sie hat sich blamiert.

»Ich bin ich. Ja. Immer.« Raben können doch tatsächlich kichern.

»Ich dachte …« Ihre Stimme klingt immer leiser. Die Alte wundert sich, dass ihr die Schamesröte noch so in die Wangen fahren kann.

»Ich dachte, du kämst nur zu mir.«

»Ach wirklich?«

»Wärst nur mein Bote?«

»Ich bin der Bote. Stimmt. Und ich zeig mich dir. Auch dir.« Er klingt freundlich, ein wenig verwundert. Die knarrende Stimme des Raben ist ihr vertraut, allein, was er sagt, bringt Irmelin durcheinander. Warum auch ihr? Wem sonst sollte er sich noch zeigen und warum? Sie selber ist doch die, die für die Hütte da ist.

»Der Bote der Hütte, richtig?«

Alles scheint ihr mit einem Mal nicht mehr ganz sicher. Sie muss ihn fragen. Nach Dingen, die sie seit jeher für selbstverständlich hält.

»Der Bote der Hütte und der Bote dessen, was die Hütte ist. Ja.«

»Was ist die Hütte?«

Das hat sie noch nie gefragt. Es ist, als rühre sie an etwas Verbotenem.

»Das weißt du nicht? Immer noch nicht?«

Damit kollert er sein kehliges Krächzen und erhebt sich mit kräftigem Flügelschlag.

Irmelin steht auf dem Forstweg am Hang und versteht nichts. Irgendwann bemerkt sie die Kälte und setzt ihren Abstieg fort.

Der Weg, den sie gut kennt, kommt ihr unwirklich vor. Unwirklich erscheint ihr auch das Auftauchen ihres Hofes.

Zügig bringt sie die letzten Meter hinter sich, stapft auf den Hof und geht auf die Haustür ihrer Wohnung zu. Öffnet die Tür, klopft sich den Schnee von den Stiefeln und steht dann im dunklen Flur. Das Licht lässt sie aus. Steht einen Moment unschlüssig, als müsse sie erst sicher sein, dass ihr Flur noch ihr Flur ist. Schält sich dann aus dem schweren Mantel und hängt ihn auf seinen Haken. Betritt ihre Küche. Sieht sich auch hier um, als wäre sie lange fort gewesen.

Als sie die Ofenklappe öffnet, findet sie Reste von Glut. Vorsichtig bläst sie und füttert die Glut mit dürrem Reisig. Damit kann sie sie wecken, und damit wieder ein kleines Feuer. Schiebt einen dickeren Holzscheit hinterher und schließt die Ofenklappe wieder. Sie stellt den Wasserkessel auf die Ofenplatte, holt die Kanne vom Regalbrett und streut eine Handvoll Kräuter hinein. Als das Wasser kocht, gießt sie den Tee auf und trägt die Kanne dann zum Tisch, an den sie sich setzt. Während dieser Handgriffe fühlt sie sich merkwürdig hohl. Als wäre sie noch nicht ganz hier auf ihrer Küchenbank angekommen. Sie schenkt sich ein, hält die Tasse mit beiden Händen umfasst, spürt den warmen Tee, friert aber selbst immer noch.

Da sieht sie den Raben neben sich auf einer Stuhllehne hocken. Jetzt versteht sie, warum sie noch nicht ankommt in ihrer

Küche. Sie ist nicht hohl. Der Rabe ist nur eben noch nicht fertig mit dem Gespräch von vorhin, im Wald. Irmelin sieht ihn an.

»Wir dachten, du gibst ihr weiter, wer wir sind. Aber wenn du es selbst nicht verstanden hast?« Fast klingt er bekümmert.

»Wir?« Irmelin knurrt ärgerlich. »Wir? Du und die Hütte? Ich kenn nur euch. Ist da noch wer?«

»Ich und das, was die Hütte ist.«

»Ja, wer seid ihr denn?« Wieder klingt sie trotzig wie vorhin im Wald. »Und warum sollte ich von euch erzählen?«

»Weil's gut ist, wenn jemand weiß, dass wir da sind.«

Dann sagt er nichts. Irmelin auch nicht. Für einen Moment.

»Ach ja?«

»Ja.«

Weiter knarrt die Stimme des Raben geduldig. Die der alten Frau klingt trotzig.

»Aber das muss doch nun nicht ich tun?«

»Wer sonst? Du hütest den Platz über Jahre.«

»Ach, tu ich das?« Natürlich tut sie das, aber sie ist wütend auf ihn. Der Rabe beobachtet Irmelin geduldig. Die alte Frau, die beleidigt auf ihrer Bank hockt und an ihm vorbeisieht.

»Ich hüte doch nicht. Ich lüfte die Hütte.«

»Indem du von uns weißt, hütest du die Hütte. Würde niemand von uns wissen, wären wir in dieser Welt verloren. Wohl noch hier, aber von niemandem zu sehen und zu hören. Also hütest du.«

Der Rabe beobachtet sie weiter, lauernd. Wartet, wohin seine Worte treffen. Und dann, wie beiläufig: »Und weil du wohl nicht für Ewigkeiten da sein wirst. Keiner ist nach dir hier. Der Hof wird leer stehen, bislang.«

Irmelin stockt, starrt geradeaus, hält fast die Luft an und blitzt ihn dann wütend an. Der Rabe sieht sie unbeirrt an.

Unter seinem Blick muss sie irgendwann denken, dass es stimmt und sie nicht für Ewigkeiten hier am Berg sein wird. Anders die Hütte, oder eben das, was die Hütte ist. Zugeben wird sie es so schnell nicht. Sie muss weiterhin denken, dass es wohl unverschämt ist, dass die Hütte eine neue Hüterin sucht. So würde der Rabe es wohl nennen. Eine nach ihr. Und sie muss denken, dass sie wütend und wohl einfach eifersüchtig ist und sich kindisch benimmt. Als sie das bemerkt, verfliegt ein Teil ihrer Wut.

»Also, wer seid ihr?« Immer noch bockig klingt die Frage.

»Weißt du doch. Die, die immer hier waren.«

Irmelin zieht eine Augenbraue hoch.

»Egal, welche Namen uns irgendwer gegeben hat.«

Langsam atmet sie aus. Damit kann sie was anfangen. Das kennt sie. Ihre Welt scheint sich wieder zurechtzurücken. Das, was gilt und immer hier war, das kennt sie. Oft hat sie beobachtet, dass Absprachen, die etwas zum Gesetz erklären, immer doch nur Absprachen sind. Weniges gibt es, das immer da war und gilt, ganz gleich, wie man es nennt.

Wenn der Großbauer und der Krämer in der Wirtschaft sitzen und das Jahr und das Tal aufteilen. Einen Schnaps, ein Bier für das Recht an der Hangweide. Einen Schnaps, ein Bier für das Recht, der Erste an der Sämaschine zu sein. Die Äcker, die Weiderechte und das Maschinenrecht sind verteilt, wenn der Abend noch nicht alt ist. Die andern, die Kleinbauern, kommen danach. Wieder Schnaps und Bier. Die Reihenfolge, in der der Bulle und der Schafbock durchs Dorf gereicht werden. Der Bulle gegen den Trecker in der Rübenernte. Die beiden Großen handeln's untereinander aus. Deren Wort gilt. Schnaps und Bier, gleich doppelt. Die Kleinen, die paar anderen, nehmen's hin. Für keinen Schnaps der Welt und kein

Bier wollten sie an die Wiesen und wenigen Äcker der Irmelin. Sie schweigen sich drum herum, keiner weiß, warum das so ist, alle halten sich daran. Nach dem Schnaps und dem Bier ist's Gesetz, was die beiden, Großbauer und Krämer, erhandelt haben. Dabei sind die beiden sicher, sie reden tatsächlich über ihr Land und ihr Recht. Mit jeder Runde Bier und Schnaps reden sie sich sicherer. Als wäre das Ganze nicht vollkommen hinfällig, wenn die anderen im Tal nicht auch daran glauben würden. Recht haben sie nur so lange, wie alle anderen das auch glauben und hinnehmen. Und Respekt haben vor den Absprachen der beiden.

Irmelin weiß, dem Berg ist es egal. Ihr ist es egal. Sie weiß, die Absprachen gelten nur, weil die anderen glauben, dass sie gelten. Nur so lange, wie es alle anderen auch glauben, werden sie recht haben, die beiden in der Wirtschaft, die das Jahr für das Tal aushandeln. Vollkommen unwichtig, wie die beiden nennen, was sie da aushandeln. Der Berg ist da, niemandem gehört er und niemand hat ein Recht an ihm. Der war schon immer da. Irmelin weiß das, und das ist, was für sie gilt.

»Doch, doch, ich kenn euch. Dich, den Berg, was gilt. Die Hütte.«

Der Rabe nickt.

»Aber ich darf ja wohl selbst entscheiden, wem ich was sage.«

Damit wischt sie mit der Handfläche über den Tisch und schiebt sich aus der Bank. Der Rabe nickt sehr langsam, als ließe er die Antwort offen.

»Allerdings kann sie uns so, wie sie jetzt ist, noch gar nicht hören.«

»Was fehlt ihr?« Irmelin wird neugierig.

»Das rauszufinden liegt bei ihr.«

Irmelin zuckt mit den Schultern, enttäuscht vielleicht, und wendet sich ab.

Für die Alte ist das Gespräch offenbar beendet. Grummelnd wendet sie sich ihrem Herd zu und starrt konzentriert auf die Kräuterbündel, die darüber zum Trocknen aufgehängt sind. Als sie einen Blick über die Schulter wirft, ist der Rabe verschwunden.

Sie lässt ein pfeifendes lautes Ausatmen hören. Die, die schon immer da sind. Was wohl soll sie dieser Jungen erzählen? Ausgerechnet der? Als würde die schon verstehen? Wenn sie denn irgendwann verstehen könnte.

›Das überlass uns‹, hört sie sich denken. Und es ist, als denke der Rabe in ihrem Kopf.

Die Alte stützt sich mit beiden Händen auf der Tischplatte ab und denkt nach.

Ihre Eifersucht ist kindisch, das weiß sie. Sie will der Hütte helfen, und dem Raben. Wie schon immer. Aber die Wut ist noch da. Die Wut darüber, dass sich Hütte und Rabe entschieden hatten, an ihr vorbei. Das wird wohl bleiben. Sie seufzt. Mit einem Ruck stößt sie sich vom Tisch ab und weiß, was sie tun wird.

Sie wird diese Junge beobachten. Wird sie belauern und einschätzen, ob die verstehen kann. Was sie ihr dann erzählt und ob überhaupt, diese Entscheidung behält sie sich vor.

Das denkt sie, und erwartet den Protest des Raben.

Hört nichts. Wartet. Denkt nichts und fühlt nichts. Also wird er wohl einverstanden sein.

Katharina steht, denkt der Alten nach ins Schneedunkel und will weder die Traurigkeit noch die Angst vor dem Wind verstehen. Kopfschüttelnd löst sie die flache Hand von der Tür und schließt von innen ab. Legt noch den Balken quer vor die

Tür, der dafür an der Wand lehnt. Einen Moment noch hört sie auf den Wind draußen und die Stille drinnen. Das Abschließen und der Querbalken haben sie erleichtert. Merkwürdig. Es ist doch nur das Reden der alten Frau. Aber die Geschichte hat Platz gefunden und sich eingenistet. Sie wartet in der Hütte auf die Junge und weiß, dass die sich vor dem Dunkel und dem Wind und dem Lauern um die Hütte fürchtet.

Wie auch nicht? Schließlich ist sie allein hier oben, mit dem Gerede der Alten. Je stiller es ist, gerade hört sie nur das Knistern des Feuers im Herd, je stiller, umso mehr Platz bekommt, was Irmelin hiergelassen hat. Die Worte, den Duft der Suppe, die Vorsicht.

Katharina wartet noch eine Weile auf die Suppe. Lässt das Feuer nicht ausgehen, hat den Topf an den Rand der Herdplatte geschoben. Keine zwei Stunden wartet sie. Aber sie rührt immer mal mit dem Holzlöffel im Topf, schnüffelt in den Dampf der Suppe. Dabei sieht sie nicht auf die Uhr. Während die Suppe köchelt, könnte sie lesen, könnte nachdenken, könnte die Kiste auspacken. Tut nichts davon, sieht der Suppe zu und ihrem Rühren. Würde sie sich beobachten, würde sie sich träge nennen. Aber dafür ist sie zu beschäftigt mit Betrachten und Rühren. Irgendwann weiß sie, die Kochzeit reicht für die Suppe. Sie zieht den Topf vom Herd und schaufelt mit einer Kelle Suppe auf einen Teller. Sie freut sich auf das Essen und füllt sich ein Glas mit Rotwein aus dem Karton auf der Anrichte. Den Wein kennt sie, sehr gerade, dabei sehr würzig. Das mag sie. Und ja, genau um die Grenzen dünner zu machen, deshalb trinkt sie ihn. Schon wieder sind sie da, die Worte der Alten. Sie weiß nicht genau, was Irmelin mit den dünneren Grenzen meint, aber für sie dürfen die scharfen Grenzen im Denken an Nachtdienst und Krankenhaus und der Sorge, ob alles seine Richtigkeit habe, gern weicher und dünner werden. Was es wohl ist, was sie immer wieder an die Arbeit denken lässt? Sie nimmt einen kräftigen Schluck Rotwein, schüttelt leise den Kopf, lässt für den Moment ihren Teller Suppe stehen und kramt nach ihrem Handy. Natürlich könnte sie das Telefon in der Tasche lassen oder ganz ausschalten. Aber sie zieht es hervor und sucht. Dasselbe, was sie an die Arbeit denken lässt, lässt sie jetzt im Telefon suchen. Sie findet ein »schade« auf ihre SMS, mehr nicht. Sie ist enttäuscht.

Sie denkt sich gern, es gäbe eine Verbindung zwischen ihr und diesem Krankenhaus und ihrer Arbeit, die über das Arbeiten hinausgeht. Die sie und ihre Arbeit wichtig sein lässt. So wie ein Bild nicht ohne seinen Maler zu denken ist oder ein Musikstück nicht ohne den Musiker. So vielleicht. Aber eben so ist es nicht. Es ist egal, ob sie ihre Arbeit macht, oder jemand anderes. Wäre sie zufriedener, wenn es anders wäre? Brauchte sie eine Bedeutung in dem, was sie tut? Noch einen Schluck Wein. Der fast schon ein wenig zu warm ist, hier in der jetzt warmen Hütte. Sie wird den Weinkarton näher ans Fenster stellen, wenn im Herd ein Feuer brennt. Das Glas trägt sie zum Tisch, wie auch den Teller Suppe. Das Gedankenknäuel um ihre Arbeit darf gern dünner werden, dafür ist sie ja hier. Sie schmunzelt, prostet in Richtung der Zimmermitte der Alten zu, die schon lange nicht mehr hier ist, und löffelt ihre Suppe.

Die Suppe ist wirklich gut, der Wein auch.

Katharina ist sehr zufrieden nach dem Essen und müde. Fühlt sich warm. Nach der Suppe und sicher auch nach dem Wein.

Den Teller und den Löffel spült sie, trocknet beides ab und räumt die Sachen in Regal und Schublade. Die Dinge richtig machen, auch wenn niemand sie dabei sieht.

Den Topfdeckel wird sie, nach einiger Zeit, wenn alles abgekühlt ist, verschließen mit einem überkreuzten Gummi. Sie weiß nicht, ob in so einer Hütte Mäuse sind. Sie lebt in der Stadt und hat wirklich keine Ahnung vom Leben in Hütten am Berghang. Jetzt, zum Abkühlen, stellt sie den vollen, schweren Topf in den kalten Flur, auf die Holzvorräte. Das Holz im Stapel schiebt sich darunter ein wenig zurecht. Katharina wird ein paar Tage etwas von der Suppe haben. So hat es die Alte wohl auch gedacht.

Wieder taucht Irmelin in den Gedanken der Frau und wohl auch in der Hütte auf. Die Junge schüttelt schnell den Kopf, wie um Irmelin loszuwerden. Füllt die Wärmflasche mit heißem Wasser, legt sie in der Kammer ins Bett unter die Decke und lässt die Kammertür offen stehen. Damit die Wärme aus der Wohnküche in die Kammer ziehen kann.

Dann geht sie zurück in den Flur zum Holzstapel und dem Topf, der inzwischen abgekühlt ist, und spannt das Gummiband zwischen den beiden Topfhenkeln. Dabei überkreuzt sie es über dem abgekühlten Topfdeckel.

Sie schließt die Tür und steht einen Moment in der Küche, sieht sich um und legt dann noch einen Scheit Holz in das Herdfeuer. Hofft auf ein nicht zu kaltes Aufwachen am Morgen und nimmt sich ihr Buch und ein letztes Glas Rotwein für den Abend und geht in die Kammer. Schnell zieht sie ihr Nachtzeug an und die warmen Socken. Das Waschen verschiebt sie auf morgen. Noch eine Regel gebrochen. Nach dem Schlafen auf der Küchenbank. Jetzt das Waschen ausgelassen. Sie wird das morgen wiedergutmachen. Wohl mit einer kalten Morgenwäsche. Jetzt kriecht sie unter das Federbett. Eine Wolldecke liegt noch über der Decke, und sie fühlt sich sehr gut eingepackt für die Nacht.

Am Buch vorbei und am Wein hört sie das Heulen des Sturmes draußen, der deutlich angezogen hat. Ärgerlich merkt sie, dass Irmelin wieder auftaucht. Sie hofft allerdings, dass die Alte gut zu Hause angekommen ist. Eine wirkliche Vorstellung vom Fußweg hinunter zum Hof der Irmelin hat sie nicht. Sie kennt nur die Forststraße, die sie bislang nie gegangen, nur immer gefahren ist.

Einen Sturm und einen Wind hört sie, der voller ist, als sie es von zu Hause in der Stadt kennt. Muss an den Bergen liegen, denkt sie. Und an der Stille sonst hier. Da klingen Stürme wohl voller und lauter als sonst. Es jault um die Hütte und rüttelt an den Fensterläden. Katharina ist froh um die kleinen, tief eingerückten Fenster und das weit herunterreichende Dach. Sie will nicht glauben, dass dort draußen jemand um die Hütte reitet und nach Bettwäsche sucht. Und hört dabei der Jagd nach.

Dabei nagt ein kleiner, erstaunlicher Stich Neid an ihr. Auf die Geschichten der alten Irmelin. Sie hat keine solchen Geschichten, die sie erzählen könnte. Vielleicht, weil es in ihrer Stadt keine gibt. Oder weil sie sie nicht kennt, obwohl es sie gibt. So Geschichten, in denen sich eine wie Irmelin einrichten kann. Die sie dazu bringen, hier herauf zu laufen, an so einem Abend, und einer Stadtfrau eine Suppe zu kochen. Weil es gut wäre in diesen Tagen.

Noch im Müdewerden, noch mit den letzten Schlucken Rotwein und der mürrischen Feststellung, dass es schon wieder Irmelin ist, die auch noch ins Einschlafen hinein auftaucht, sucht sie und kann nichts finden, was sie kennt, was sie selber auf solche Ideen brächte. Sie kann sich wirklich nicht erinnern, dass dort, wo sie wohnt, Geschichten von der Gegend erzählt werden. Sie könnte erleichtert sein. War es doch eigenartig genug, für eine Geschichte im echten Leben etwas zu tun.

Auch noch Anstrengendes und Unbequemes. Nur, sie ist nicht erleichtert, sie ist traurig.

Früh wird sie wach, ein mattes Licht scheint von draußen durch die Fenster, und noch immer hört sie einen scharfen Wind. Sie weiß nicht, wie spät es ist. Lässt sich vom Hellerwerden wecken und hat die Uhr weit unten in der Tasche vergraben. Das ist ihr leichter gefallen, als das Telefon auszuschalten. Sie bekommt den Traum der Nacht zu fassen, bevor sie sich daran erinnert, auf ihre Träume achten zu sollen.

Im Traum lief sie durch ein Haus mit mehreren Zimmern. Sie traf dort auf ihre Familie. Die Schwestern, den Bruder, die Eltern. In immer einem anderen Zimmer einen von ihnen. Am Ende waren alle zusammen in einem Raum. Sie waren ihr gefolgt, auf ihrem Weg durch die Räume. Irgendwann, bis dahin hatten sie sich in dem einen Raum aufgehalten, den sie nicht kannte, wie alle anderen Räume auch und wie das ganze Haus, machten sich alle zum Aufbruch fertig und gingen, ohne ihr zu sagen wohin. Alle schienen sich einig, sprachen nicht, erwarteten aber wohl von ihr, dass sie mitkäme. Sie im Traum fragte. Mehrmals. Bekam keine Antwort. Sah nur die aufbrechende Familie, die sich nicht aufhalten ließ. Fragte erneut, wurde wütend und brüllte ihre Leute an. Mit einer Wucht, die ihr selbst im Erinnern erschreckend und vollkommen neu war.

»Wohin geht ihr denn?« Wieder keine Antwort. Ihre herausgeschleuderte Frage und wohl auch ihre Wut wurden freundlich ignoriert.

»Kommst du?« Alle zogen sie los, Katharina selber blieb zurück.

Jetzt liegt sie im Bett, unter der dicken Decke, sieht auf die Eisblumen im Fensterglas und das milchige Weiß des Himmels dahinter und befühlt verwirrt ihren Traum. Noch ist sie zu schwer, um sich zu bewegen. Als müsse ihren Armen und Beinen das Bewegen erst wieder einfallen. Sie liegt und befühlt ihren Traum.

Diese Wut ist ihr neu. Sie kann sie noch fühlen und ist durcheinander. Die freundliche Ignoranz ihrer Familie, diese Wut, nichts stimmt. Es gibt keinen Grund, ihr eine Auskunft über einen Weg zu verwehren. So über sie hinwegzuhören. Katharina wischt sich mit dem rechten Handrücken über die Augen und schnaubt leise. Als wolle sie den Traum beiseitewischen und das träge Nachdenken darüber. Und die Wut. Und das Gefühl, sie hätten sie stehen gelassen. Nur ein Traum. Immer wieder denkt sie es. Das unangenehm Klebrige verzieht sich nicht, sie wird den Traum nicht los. Ein Traum ist nicht echt, das weiß sie. Allerdings bleibt das Gefühl, mit dem sie aufgewacht ist, ärgerlich echt.

Sonst wacht sie schnell auf. Hier ist das zum zweiten Mal anders. Klebrig bleibt sie im Aufwachen hängen. *Achte auf deine Träume!* Fällt ihr ein. Mit einem Ruck setzt sie sich ärgerlich auf, zieht Federbett und Wolldecke hoch über die Schultern, schüttelt sich in der plötzlichen Kälte des Zimmers. Ja, auch wenn sie auf ihre Träume achten soll, sie kann keine Bedeutung in dem Traum der Nacht erkennen. Ärgerlich wird sie wacher. Unsinn hat sie geträumt. Sicher hat nicht jeder Traum eine Bedeutung und muss festgehalten werden. Schon gar nicht so einer.

Sie träumt selten, kann sich genau genommen nie an Geträumtes erinnern. Umso erstaunlicher diese Träume hier. Wie oft sie hier beim Einschlafen in Bilder schlittert. Sie angelt mit einer Hand nach den Wollsocken und zieht sie unter der Decke an, bevor sie die Füße nach draußen schiebt. Dabei wird sie endgültig wach, will schnell aufstehen und Feuer machen und beschließt, diesen Traum zu vergessen. Keine Bedeutung wird sie suchen. Nur ein Traum. Und war nicht sie selbst es, die heimlich hierhergefahren ist? War nicht sie es, die ihrer Familie das Ziel und die Reise verschwiegen hatte? Sicherlich hatte sie genau das geträumt. Noch immer mürrisch schiebt sie sich aus den Decken und dem Bett und schlüpft schnell in Hose und Pullover, findet ihre Erklärung ganz logisch und weiß, dass sie nicht stimmt. Aber wer kann schon sagen, was sich da wie in Träume schiebt. Sie schlägt die Bettdecke auf, um sie zu lüften. Im Zimmer natürlich, nicht draußen im Freien. Geht dann in den vorderen Raum. Zuerst das Feuer, dann der Kaffee, dann warmes Wasser zum Waschen. Die Kälte in der Hütte bestimmt die Reihenfolge. Ganz egal, wie es richtig wäre.

*

Der junge Wind hat die Gesellschaft des alten Windes verlassen. Er ist zurückgekehrt. Es zieht an ihm. Er will es überhören. Natürlich kennt er, was da zieht. Wenn es sich so anfühlt, muss er irgendwann nachgeben. Zu stark wird die Ablenkung. Er kann sich nicht mehr umsehen, kann nicht mehr hören, nichts mehr behalten. Er weiß, er ist in seinem Wesen Neugier. Er hat Angst vor dem uralten Wind aus der Gegend, wo die Zeit geboren wird. Um nichts will er dem begegnen. Aber er ist Neugier. Die ist stärker als Wissen. Stärker als Angst. Natürlich hat so ein Wind seinen eigenen Willen. Aber im Grunde muss er tun, was sein Wesen ist. So muss er kehrtmachen, von dort, wo sie schon sicher waren. Er muss den grauen, alten Wind verlassen, mit dem zusammen er dem Uralten ausgewichen ist, der sein Verschwinden vielleicht gar nicht bemerkt, vielleicht nicht versteht. Das weiß er nicht. Er kann sich nicht darum kümmern. Er muss kehrtmachen und fliegt zurück durch Winterwetter und Winterwinde, über beschneite Landschaften, Hügelketten, Wiesen, über Flüsse, die beginnen, sich unter Eisschollen schwerfälliger zu bewegen, bis zum Berghang, wo längst der Uralte angekommen sein muss. Der Dunkle, nicht zu nennende, der mit sich trägt, nach was der Junge besser nicht fragt. Der junge Wind fühlt, dass er ankommt und der Druck lässt nach, also kann er langsamer werden und sehen, wohin er unterwegs ist. Den Uralten kann er nicht erkennen. Sicher ist er, der Alte ist dunkel, auch wenn der Himmel, in dem er sich bewegt, ein milchiges, undurchsichtiges Weiß ist, in dem er gerade ankommt. Die Konturen verschwimmen darin, fast blendet das blasse Grauweiß. Keine Wolken sind zu erkennen. Was er sieht, kann er nicht beschreiben. Dafür hat er keine Worte. Dafür hat er nichts. Er steht still und sieht die Unmöglichkeit. Er sieht seinen Weg unterbrochen, als wäre die Luft eine andere, als könne sie einen wie ihn nicht tragen.

Er weiß, Sehen ist falsch. Beschreiben wäre falsch. Er steht, fühlt und weiß. Hier weht er an eine Grenze, die für ihn nicht zu überwinden ist. Er weiß, dahinter führt der Weg nach oben zum Berg. Führt an einem Hof vorbei und zur Hütte am Hang. Dort sind die beiden Frauen. Die alte, gerade, die keine Fragen in ihren Bewegungen trägt, und die junge, konzentrierte, die pflichtbewusste, die so fehl am Platz aussieht. Ihr fehlt eine Aufgabe. Das weiß er. Aber er weiß nicht, was der alte Wind mit sich trägt. Er kann nicht hin bis zur Hütte und den alten Wind berühren. Er kann seinem Wesen nicht folgen. Steht also vollkommen verblüfft in der Luft.

Mit einem Mal sieht er die Wolken aufreißen, als öffne sich ein Auge. Es tut sich ein Dahinter auf, was keines ist. Ein Leuchten aus dem Auge zwischen den Wolken, von dem er später nicht sagen kann, ob es hell war oder dunkel. Etwas, das ihn den Ort vor der Zeit ahnen lässt. Die Farben, die er sieht, kennt er nicht. Es ist, als blättere sich die Farbe des Himmels in der Wolkenlücke von innen heraus auf und schimmere durch die Zeit. Er weiß, da wäre der Eingang, und will wissen, wohin der führt, und sein Wesen lockt und will ihn ziehen. Doch er steht in der Luft, der Wind, gegen alles, was er ist. Bewegt sich nicht. Steht und staunt das Loch durch die Zeiten an.

Einen Augenblick später schiebt sich die Wolkenwand vor ihm wieder zusammen. Der Himmel ist bleidunkelweiß und schwer und satt und gierig drohend. Die Gelegenheit ist verpasst. Er wird nicht hindurchkönnen, nicht wissen, wie sich der Weg durch die Zeit anfühlt, wird nicht erfahren, was der alte Wind verbirgt. Er ist sicher, die Gelegenheit kommt nicht wieder. Will das aber nicht wissen. So richtet er sich ein in den Feldern unterhalb des Berghanges. Hofft auf eine neuerliche Lücke, auf ein neuerliches Aufreißen der Wolken, wird den Weg, der sich dann auftut, nutzen. Weht, ohne auf sie zu achten, über die Schneefelder und beobachtet den Uralten. Der ihn wohl weder bemerkt noch beachtet. Der kleine, junge Wind zieht über die Felder, bleibt in der Nähe und wagt nicht, darüber nachzudenken, was er hätte berühren können.

*

Katharina kaut träge, das Brot ist noch halbwegs weich. Wenn sie den Laib verbraucht hat, wird sie sich Hirse zum Frühstück kochen. Jetzt kaut sie, sieht zum Herd und staunt über das junge Feuer, das bereitwillig aufgewacht ist. Wundert sich dabei, wie viel Holz sie doch verbraucht, in dem kleinen Herd, um es hier warm zu halten. In dem Holzstapel im Flur klafft schon eine deutliche Lücke. Sie beschließt, den Stapel heute aufzufüllen, damit das Holz von draußen auch trocknen kann. Das wird sie unter dem Schnee hervorziehen müssen. Auch das Wasser im Kanister ist fast aufgebraucht, sie wird neues holen müssen.

Das ist entschieden und sie beendet ihr Frühstück. Verstaut die Sachen wieder im Regal und in der Kiste, die sie doch noch nicht ausgepackt hat. Trinkt ihren Kaffee aus und blinzelt durch das kleine Fenster, zu dem sie sich herunterbeugen muss. Hellgraues, milchiges Licht. So eines, was fast blendet und die Konturen zwischen Bäumen und Himmel verwischt. Der starke Wind um die Hütte ist weiter zu hören.

Ganz wohl ist ihr nicht, hört sie nach draußen. Aber sie schüttelt das Gefühl schnell ab. Spült die Kaffeetasse, reibt sie mit einem Tuch trocken und sucht sich dann zwei Pullover, um die übereinander anzuziehen. Zieht dann die dicke Jacke an, die Wanderschuhe, die Handschuhe, wickelt den Schal um und stülpt sich die Mütze über die Haare. Schnappt sich den leeren Wasserkanister. Dann sucht sie sich im Vorraum eine Schaufel unter den Werkzeugen, die an der hinteren Wand lehnen, und hebt den Balken von der Tür. Nachdem sie die Tür aufgeschlossen hat, dafür muss sie einen Handschuh wieder ausziehen und hält ihn zwischen den Zähnen fest, tritt sie ins Freie.

Zunächst steht sie etwas unschlüssig an der Tür, die sie hinter sich zuzieht. Wirklich hell ist es nicht geworden. Die Sonne schafft es nicht durch den dicken, schneeschweren Wolkenteppich, lässt ihn aber milchig leuchten. Dabei stürmt es weiter. Ein harter, kalter Wind, der immer wieder aufheult und rüttelt, an allem, was er zu fassen bekommt. Dabei einen harten, stechenden Schnee vor sich hertreibt. Natürlich ist das Heulen, was drin durch das kleine Fenster zu hören war, jetzt um ein Vielfaches lauter.

Katharina verzieht das Gesicht. Sehr viel anders hatte sie es sich vorgestellt. Stille hatte sie erwartet und gern viel Schnee. Weichen Schnee, der die Geräusche schlucken würde und die Welt langsamer macht.

Dieser Wind hier und dieser Schnee scheinen schon die Welt und ihre Geräusche zu schlucken, das ja. Aber anders eben. Die Welt, die ihre war, war nicht langsamer und stiller, sie war für den Moment einfach unwichtig geworden.

Noch kann Katharina sich in den Windschatten der Hütte drücken. Wird den aber verlassen müssen. Sie atmet gegen den Wind und die kalte Luft ein, schiebt ihren Schal ein wenig höher, sodass er vor dem Mund die Luft anwärmen kann und sie vor dem schneidenden Wind schützt. Für den Moment ist nichts wichtiger, als diesen Hügel Feuerholz am Waldrand auszugraben und den Kanister an der Quelle wieder aufzufüllen.

Das will sie zuerst erledigen, es erscheint ihr einfacher. Den Weg kennt sie. Den Kanister hat sie in der Hand und schiebt sich am Wind und dem Schneegestöber vorbei den Weg hinauf zur Quelle. Der leere Kanister schlägt immer wieder mit einem hohlen Klong gegen ihr Bein. Es sind nur wenige Schritte, immerhin den kleinen Hang hinauf, der die Hütte verschwinden lässt. Die Strecke ist heute erstaunlich weit. Wieder muss sie, wie am ersten Tag, Schnee und abgebrochene Äste von der Quelle schieben. Zieht dann die Handschuhe aus, sie will die nicht nass werden lassen, und hält die Kanisteröffnung so in den flachen Wasserstrahl der Quelle, dass der Kanister sich füllen kann. Dieses Geräusch, wenn der Kanister sich füllt, was sie sehr mag, kann sie heute unter dem Windheulen nicht gut hören. Als das Wasser zurück aus der Öffnung sprudelt, weiß sie, der Kanister ist voll. Schnell zieht sie ihn nach oben, verschließt ihn, zieht schnell die Handschuhe wieder an und trägt ihre Last nach unten zur Hütte. Dort angekommen, stellt sie das frische Wasser im großen Raum ab, schüttelt die erste Kälte ab und nickt zufrieden. Dann tritt sie erneut vor die Tür und zieht den Schal vors Gesicht, als Schutz gegen die wehenden Schneeböen. Sie greift nach der Schaufel, die sie vorhin neben der Tür abgestellt hatte. Mit zusammengekniffenen Augen mustert sie die Lichtung vor der Hütte. Vom Weg, den sie kennt und von dem sie weiß, wo er verläuft, ist unter dem Schnee nichts mehr zu sehen. Den Platz kennt sie eigentlich nur im Sommer und es ist Jahre her. Sie weiß, wo damals die Holzstapel lagen und sucht die Stelle mit den Augen ab. Und richtig, eine zugeschneite, deutliche Erhebung lässt die Holzstapel erahnen. Beiläufig wundert sie sich, warum sie damals wohl diese Stapel am Waldrand angelegt haben und nicht direkt neben dem Haus. Selbst ihr, als Stadtfrau, kommt das unpraktisch vor. Vielleicht war es schön, vor der Hütte zu sitzen und auf gestapeltes Brennholz zu sehen.

Schön und unpraktisch und jetzt nicht zu ändern.

Seufzend macht sich die junge Frau an die Arbeit. Lehnt sich gegen den Wind, kneift die Augen zusammen vor dem harten, in den Augen und auf der Haut des Gesichts brennenden Schnee. Immer wieder schießt der in Böen auf sie zu. Sie stapft zu dem eingeschneiten Haufen, unter dem sie die Holzvorräte erhofft, und beginnt zu graben.

Laut sind die Böen, die immer wieder heranwehen. Im jaulenden Lärm des Sturmes sieht sie sich immer wieder um und ist nicht ganz sicher, hinter dem Sturm nicht noch anderes zu hören als nur die Böen. Fühlt sich unangenehm beobachtet.

Bald stößt sie auf die ersten Holzscheite, atmet erleichtert auf, stellt die Schaufel ab, wischt den Schnee mit den Händen beiseite und zieht einige Holzscheite heraus. Packt sich die Scheite auf den Arm und stapft damit zum Haus zurück.

Dort angekommen, stampft sie mehrmals mit den Füßen auf, um den Schnee von den Stiefeln zu treten, und lässt die Scheite auf den Stapel trockenen Holzes fallen. Kläglich wenig hat sie hertragen können. Enttäuscht schnauft sie beim Ausatmen und sieht sich im Gang um. An der hinteren Wand die Werkzeuge, links der Holzstapel und darüber, im Schatten, hängt eine Kiepe an der Wand. So eine, wie Irmelin sie benutzt hat. Wieder schnauft Katharina, diesmal ärgerlich mit sich selber, nicht vorher genau hingesehen zu haben. Dann angelt sie sich die Kiepe von der Wand, überprüft die Lederriemen, die stabil wirken und halten sollten, und nimmt die Kiepe mit nach draußen für den zweiten Gang. Sie streift die Kapuze der Jacke über die Mütze, zum Schutz vor dem wehenden Schnee. Wieder hört sie auf das Jaulen des Windes und horcht auf das, was sie dahinter hört. Die Angst, die sie nicht wahrhaben will, zieht mit zum Holzvorrat. Die Böen lassen ihr kaum Zeit, genau hinzuhören. Wehen den harten, kalten Schnee gegen sie, in ihre zusammengekniffenen Augen, gegen das bisschen Haut, die freigeblieben ist zwischen Mützen, Kapuze und Schal. Auch wenn sie den Schal so weit es geht nach oben zieht. Wieder hört sie alles Mögliche durch den Sturm, und wieder fühlt sie, dass irgendjemand oder irgendwas sie beobachtet. Sie versucht sich umzusehen, kann aber am Rand ihrer Kapuze vorbei und durch den Schneewind nur undeutlich den Waldrand ausmachen. Und schilt sich für die dumme

Kinderangst, die sie da erfasst hat. Immerhin, das erkennt sie. Immer war es so, schimpft sie mit sich. Ein bisschen Angst gehört zu den ersten Tagen und Nächten hier im Wald. Nie ist Schlimmes passiert, nur die Angst. Das Schimpfen ändert nichts. Ihre Bewegungen werden fahriger, immer wieder sieht sie sich um. Sie fühlt sich viel zu schnell atmen, ihr Herz viel zu schnell schlagen.

Die Luft um sie herum ist voller als sonst, als würde nicht nur der Wald drohen, sondern als würde aus dem Nichts heraus etwas sie beobachten, nach ihr greifen. Mit jedem neuen Windstoß fährt sie zusammen, als hätte jemand sie tatsächlich berührt.

Hastig arbeitet sie weiter, spürt nicht die Hände in den Handschuhen kalt werden und längst nicht mehr den Wind auf der Haut im Gesicht.

Schnell schaufelt sie den groben Schnee mit der Schippe zur Seite, wäre gern schneller, gräbt dann mit den Händen die Holzscheite aus und füllt hastig und eilig die Kiepe. Wuchtet sich die auf den Rücken, greift nach der Schaufel, die in den Schnee gefallen ist, und verliert dabei mit der vollen Kiepe auf dem Rücken fast das Gleichgewicht. Stützt sich mit einer Hand am Holzstapel ab und mit der anderen an der Schaufel, keucht wütend und richtet sich mit zusammengekniffenen Augen wieder auf. Stapft dann mit der Kiepe auf dem Rücken und der Schaufel in der Hand zum Haus zurück, betritt den Gang und schlägt die Tür hinter sich zu.

Sie lässt die Kiepe von den Schultern rutschen, die dabei umkippt, und hockt sich daneben, die Augen geschlossen, und konzentriert sich aufs Luftholen und darauf, ihre Arme und Beine zu spüren. Zwingt sich, langsamer zu atmen. Streift die Handschuhe ab. Ihre Hände legt sie auf die Wangen und spürt jetzt das Brennen ihrer Haut. Nach einer Weile kann sie die Augen wieder öffnen, ihr Atem hat sich beruhigt. Sie sieht sich um und findet alles an seinem Platz. Den Holzstapel, die Schaufel neben ihr.

Stolz lächelt sie, als sie die Kiepe im Flur vor sich liegen sieht. Einige Scheite sind herausgefallen. Katharina schiebt sich nach oben, stützt sich dabei auf den Knien ab, ihre Beine zittern noch. Dabei klopft sie sich den restlichen Schnee von den Stiefeln und von der Hose.

Als sie wieder steht, dreht sie den Schlüssel im Türschloss um, legt den stabilen Balken wieder vor und sieht dabei durch das kleine Fensterchen der Tür nach draußen. Der Wind weht weiter, immer wieder wird eine heulende Böe eisigen Schnees gegen die Tür geworfen. Weiter ist es nur milchig hell, und der Wind heult immer wieder auf. Die Konturen draußen bleiben unscharf, aber sie kann den Rand des Waldes sehen mit den verschneiten und steifen Fichten. Auf einer dieser Fichten sieht sie, etwa einen Meter unterhalb der Krone und so etwas windgeschützt, einen Raben sitzen. Schwarz. Ja, natürlich schwarz. Und mit schwarzen Augen. Katharina schüttelt den Kopf, kneift die Augen zusammen und sieht ein weiteres Mal in die Richtung. Sie täuscht sich nicht. Der Rabe sitzt dort im Baum und scheint zur Hütte zu blicken. Sie runzelt die Stirn und schüttelt wieder leise den Kopf. *Hör auf deine Träume.* Ja, denkt sie trotzig, auch wenn, ein geträumter Rabe kann nicht auf einer echten Fichte sitzen. Sie reibt sich unwillig die Augen, und als sie wieder nach draußen sieht, fliegt der Rabe mit kräftigem Flügelschlagen davon.

Wieder fühlt sie ihr Herz schneller schlagen und die Hände kalt werden. Sie will die Angst nicht, will nichts, was sie sich nicht erklären kann, versucht alles abzuschütteln und stellt die Kiepe im Gang auf. Dann beginnt sie, das hereingeholte Holz aus der Kiepe auf den Stapel zu packen. Immer wieder muss sie dabei die Scheite gegeneinander schlagen, um den restlichen Schnee abzuklopfen. Die Handgriffe lenken ab.

Als sie fertig ist und die Kiepe wieder an der Wand verstaut hat, nimmt sie den Suppentopf und geht damit nach drinnen. Als sie die Handschuhe auf den Tisch geworfen hat, reibt sie die Hände gegeneinander und schiebt die Kapuze zurück. Legt zwei dünne Holzscheite nach, im Herd glimmt noch eine brauchbare Glut. Den Topf mit der Suppe stellt sie auf den Herd und hört dem wieder aufwachenden Feuer zu. Dabei schält sie sich aus der dicken Jacke.

Als die Suppe anfängt zu köcheln, zieht sie den Topf vom Herd. Schöpft sich einen Teller voll Suppe und setzt sich damit auf die Bank am Fenster an den Tisch. Sieht immer mal wieder durch das Fenster nach draußen und löffelt die heiße Suppe. Die Suppe wärmt. Endlich fühlt Katharina sich ruhiger werden. Der eigenartige Sturm, der sie beobachtet, und die Geschichte einer Jagd darf draußen bleiben, vor dem Fenster.

Sie beschließt, an diesem Tag drinnen zu bleiben. Als sie mit der Suppe fertig ist, setzt sie Wasser auf für einen Tee, legt einen Holzscheit im Herd nach und sieht für einen Moment der Glut und den züngelnden, hungrigen Flammen zu.

Sie holt die Wolldecke aus der Kammer und richtet sich damit und mit ihrem Buch in der Nähe des Ofens ein. Zufrieden ist sie, jetzt nachdem die Angst sich gelegt hat. Zufrieden ist sie mit dem geholten Holz, dem Wasser, der Entscheidung, heute hier drin zu bleiben. Die Erzählung in ihrem Buch ist eine andere Wirklichkeit als der Sturm da draußen und die Geschichte um ihn. Sie weiß, dass die Erzählung in ihrem Buch ausgedacht ist, will sich darin verlieren und hofft, der Sturm und der Gedanke an eine Jagd bleiben damit dort draußen. Im Schnee, beim Holzvorrat.

Die gewöhnlichen und nötigen Handgriffe, sie hört auf das Geräusch des siedenden Wassers und gießt den Tee auf und sieht ihren Händen bei allem zu, die Handgriffe helfen, die Wirklichkeit hier drinnen zu behalten. Den Sturm draußen hört sie, versucht, daran vorbei zu hören. Will nicht an die Angst denken, will die draußen bei den Schneehügeln über den Holzvorräten lassen. Das scheint zu gelingen. Fast. Sie weiß, dass die Ruhe in der Welt des warmen Ofens, des Buches und des Tees trügerisch ist.

Und tatsächlich schiebt sich mit dem Einbrechen der Dämmerung und der Nacht und dem Dunkel das Wüten draußen wieder bis ins Haus vor. Katharina bemerkt sich erstaunt zögern, als sie den Topf Suppe wieder auf den Holzstapel im Flur tragen will. Längst ist es dunkel geworden, in der Stube hat sie das Licht angeschaltet. Sie steht an der Tür zum Flur. Sie weiß, die Haustür ist verschlossen, weiß, dass nichts im Flur sein kann und weiß es nicht sicher. Sie steht und sieht ins Dunkle des Flures, ahnt den Holzstapel an der Wand gegenüber, keinen Schritt weit entfernt. Sie sieht sich selber zu, wie sie auf die Dunkelheit horcht und lauert. Als würde im Flur etwas den Weg versperren. Als sie merkt, was sie da tut, schüttelt sie schnell den Kopf. Will damit die Angst abschütteln, die sich im Schatten des dunklen Flurganges anschleicht.

Vorsichtig hält sie die Tür mit dem rechten Knie auf, das Licht aus der Stube fällt in den Gang. Sie macht den einen Schritt auf Wand und Holzstapel zu, stellt den Topf ab und greift sich so viele Holzscheite sie tragen kann, damit sie heute Abend nicht mehr in den Flur gehen muss. Das hat nichts mit der Angst zu tun, denkt sie sich. Das ist nur praktisch.

Als sie mit dem Holz im Arm wieder im Zimmer steht, die Tür zum Flur geschlossen hat, ist sie erleichtert. Es scheint wohl doch so zu sein, dass sich bei Einbruch der Nacht der Wald und der Sturm bis in den Flur wüten.

Katharina heizt den Ofen kräftig ein und geht früh ins Bett. Mit ihrem Buch. Und mit einem Glas Rotwein. Kann nicht viel lesen, immer wieder hört sie den Sturm draußen. Das Buch legt sie zur Seite, trinkt den Wein in schnellen Schlucken aus und versucht zu schlafen. Kann aber nicht vorbeihören, am Sturm und dem Heulen ums Haus. Sie will die Angst nicht und will es nicht denken, aber sie fühlt die Jagd ums Haus ziehen und heulen. Sie ärgert sich. Es ist nur eine Geschichte, die die Alte ihr erzählt hat. Es gibt keine Wolkenreiter, die um den Jahreswechsel Bergdörfer und Hütten heimsuchen. Und doch. Was sie da ums Haus ziehen hört, ist echt und nah und bedrohlich. Sie fürchtet sich. Auch wenn sie sich dafür schämt. Also dreht sie sich auf die Seite, mit dem Gesicht von der Wand weg, zieht die schwere, dicke Decke fester um sich und fast über den Kopf und stellt sich ihren alten Teddybären vor, bei dem sie als kleines Mädchen Schutz gesucht hatte, wenn sie sich fürchtete. Hat damals immer gewirkt, wie sie sich erinnert. Sie ist kein Mädchen mehr. Das muss sie sofort denken. Das ist so nicht richtig, es ist kindisch. Sie kennt die Regel zwar nicht, aber so kann es nicht stimmen. Der Kinderschutz aus Kindertagen gegen eine Kinderangst, die sie erfasst hat. Sie fürchtet sich vor einer Geschichte. Nein, stimmt so nicht. Sie fürchtet sich vor dem, was draußen ist. Auch ist sie kein Kind. Wenn sie an den Bären denkt, fühlt der sich an wie der Plüschbär von damals. Und sie, sie fühlt sich nicht an wie das Kind von damals. Sie fühlt sich an wie sie. Mit der Angst. Keiner ist hier, der sie auslachen kann, keiner, der auf die Regeln achtet. Also, auch wenn sie nicht das Kind ist, ist es möglich, und sie sucht Schutz beim Teddybären von damals. War damals verlässlich, warum sollte es nicht auch heute wirken.

Irgendwann schläft sie ein und erwacht später zerschlagen aus einem Traum. Den sie im Aufwachen nicht ganz erinnert, den sie wie an einem Fadenende zu fassen bekommt und ins Wachwerden herüberzieht. Ein unangenehm glattes, ungutes Gefühl bringt sie mit aus dem Traum. Sie bewegt sich nicht, damit der Zipfel Erinnerung nicht verloren geht, und hangelt sich daran entlang.

Geträumt hatte sie von einem Internat, in dem sie mit einer Freundin wohnte. Das Wissen um das Internat taucht am Fadenende auf, die Freundin auch. Die sie jetzt im Aufwachen nicht kennt, die ihr aber im Traum sehr vertraut war. Im Traum schien sich etwas im Internat verändert zu haben, beide wussten davon, auch wenn es ihr jetzt nicht mehr einfiel. Die nötige, wenn auch vorzeitige Abreise der beiden Freundinnen schien beschlossen und sicher. Sie waren mit wenig Gepäck auf dem Weg. Zu Fuß. Sie beide miteinander. Ein Forstweg tauchte auf, den sie nahmen. Und ein freundlicher alter Mann, der helfen wollte. Dann trennten sie sich. Katharina war auf dem Weg ins Internat zurück, hatte etwas vergessen, was aber sehr wichtig war. Dies musste im alten Wohnbereich liegen. Der, als sie dort eintraf, sehr glatt, sehr steril, wie neu wirkte. Etwas hatte sich verändert. Die Freundin war verschwunden. Nicht am Forstweg zurückgeblieben oder weitergewandert. Sie war verschwunden. Allein der ältere Herr, genauso glatt und steril wie der Wohnbereich, der tauchte wieder auf und wollte helfen. Er habe ein Auto. Freundlich war er, verbindlich, nicht zu greifen. Eine plötzliche Klarheit im Traum, nicht zu wissen, woher, wie das wohl nur im Traum möglich ist.

Sicher war mit einem Mal, die Freundin war entführt worden. Von eben jenem älteren Herren. Entführt und verloren. Das Wissen war endgültig. Und sie, Katharina, konnte nichts tun.

Also ist sie nicht böse, aus dem Traum aufgewacht zu sein. Zwar zerschlagen und mit Rückenschmerzen, aber aufgewacht. In den Traum zurück will sie nicht. So liegt sie mit offenen Augen und lässt sich wie auf einer Welle ins Wachwerden tragen. Noch sehr deutlich fühlt sie die Hilflosigkeit, nichts tun zu können. Fühlt sich dabei wie ein Schulmädchen vor einer Aufgabe stehen, die sie nicht kennt und die sie deshalb nicht wird lösen können. Die Regel ist, alles zu Ende bringen. So ist es richtig. Nur geht das hier nicht. Sie kennt die Aufgabe nicht, die Lösung wird nicht gelingen. Allein, es ist ihre Aufgabe. Der ältere Herr, der merkwürdig hartnäckig zusammen mit dem Gefühl der Hilflosigkeit geblieben ist, verblasst mit ihrem Auftauchen aus der Traumschwere. Das Sturmheulen von draußen wird wieder stärker und ist lauter zu hören. Es bleibt immer klarer das Gefühl, sie wäre gefangen von einer Aufgabe, die nur sie etwas anginge. Deren Lösung vielleicht offensichtlich ist, die nur sie nicht erkennen kann. Da taucht in dem Gefühl das Krankenhaus auf.

Mit einem unwilligen Schnauben setzt sie sich auf im Bett. Zieht dabei die Decke hoch über die Schultern. Der Traum verblasst, das Gefühl wird klarer und bekannter. Sie fühlt sich verantwortlich, die Aufgabe ist klar, nur die Bedingungen, sie zu lösen, die kann sie nicht beeinflussen. Sie will die Dinge richtig machen. Die Regeln einhalten. Nur scheint es Regeln zu geben, die genau das verhindern. Oder wenigstens schwer machen. Katharina schüttelt sich. Wegen der Kälte, die sie auf einmal wieder bemerkt und weil sie nicht über das Krankenhaus nachdenken will. In den Traum zurück will sie nicht.

Fürchtet sich deswegen davor, wieder einzuschlafen. Es ist noch tief dunkel vor dem Fenster. Die Uhr will sie nicht aus der Tasche unter dem Bett hervorkramen. Sie ist wach, egal wie spät oder wie früh es ist, also steht sie auf, um sich einen Kaffee zu kochen.

Ihr Hantieren mit dem Wasserkocher ist merkwürdig langsam. Langsamer als tagsüber. Sie sieht sich bei allem zu und genießt das Langsamsein. Beim Zusehen muss sie nicht denken.

Unschlüssig steht sie einen Moment mit der dampfenden Kaffeetasse in beiden Händen, trinkt einen Schluck und stellt die Tasse dann auf dem Tisch ab. Holt sich die Decke und ihr Buch aus der Schlafkammer und setzt sich damit auf die Holzbank, um hier in der Küchenstube auf das Hellwerden des Morgens zu warten.

Mit ihrem Buch und der Decke ist sie dann doch noch mal eingeschlafen auf der Küchenbank. Hat aber wohl nicht geträumt. Als sie wach wird, ist es draußen hell. Der Wind scheint sich etwas beruhigt zu haben, und es ist freundlicher vor dem Fenster.

Die Angst des letzten Abends fällt ihr wieder ein wie etwas, das weit zurückliegt. Auch das Verkriechen unter der Decke und ihr Schutzsuchen beim alten Plüschbären, dem vorgestellten. Sie ist ärgerlich auf sich. Sich tagsüber vom Sturm ins Zimmer gesperrt haben zu lassen. Vom Sturm und von einer Idee aus einer Geschichte. Eigentlich hauptsächlich davon. Sie hatte sich von einer Geschichte Angst machen lassen. Wie lächerlich, kindisch. Sie schämt sich und ist wütend auf sich.

Heute wird sie es anders machen.

Nach einem schnellen Frühstück beschließt sie, nach draußen zu gehen und den alten Weg zum Bach zu suchen, den sie noch kennen müsste. Sie wühlt sich im Flurgang neben dem

Holzstapel durch Werkzeuge und zwei alte Kisten, kann aber die Schneeschuhe von damals nicht finden. Also bindet sie die Stulpen über die Wanderstiefel und will los. Noch bevor sie sich die Jacke überzieht, kommt sie auf die Idee, im großen Zimmer das Licht brennen zu lassen. Um beim Wiederkommen das Gefühl zu haben, das Haus wäre bewohnt.

Greift noch schnell nach dem Wasserkanister und hebt ihn prüfend an. Der ist noch ausreichend gefüllt, sie muss sich darum heute nicht kümmern. Bei alledem beeilt sie sich. Der Wind scheint freundlich zu sein, heute.

Katharina tritt vor die Tür und zieht die Luft durch die Nase. Klar und weit riecht es. Ein völlig anderer Wald als gestern umfängt sie. Nichts, was ihr Angst macht, kein Sturm, keine Dunkelheit im milchigen Himmel. Sondern heller Schnee auf den Fichten und ein heller Himmel. Sie nickt erleichtert, atmet tief ein und macht sich auf den Weg. Der Schnee ist etwa wadentief, und mit einem Knirschen sinkt sie bei jedem Schritt ein. Das Gehen auf diese Weise ist anstrengend, aber das ist ihr ganz recht. Sie muss sich konzentrieren, muss atmen, kann nicht nachdenken und sieht beim Gehen immer wieder auf die glitzernde Schneedecke um sich herum. Trotz des hohen Schnees kommt sie gut voran. Sie geht leichter als vor zwei Tagen, kommt nicht ganz so schnell außer Atem, auch wenn sie bergauf schnaufen muss. Immer mal reißt die Wolkendecke auf, und sie wird fast von der Sonne geblendet. Über Katharina, über den verschneiten Bäumen knarrt der kolkige, dunkle Ruf des Raben. Klingt, als würde eine ihrer Stadtkrähen, die sie kennt, in einen Blecheimer krächzen. Sie blinzelt in die sattgrauen Wolken vor dem sonnigen Himmel und kann keinen Raben sehen. Kurz bleibt sie stehen, hört in die Stille nach dem Ruf und stapft dann weiter durch den Schnee.

Den Weg zum Bach findet sie erstaunlich sicher. Als würde sie sich selber als Siebenjährige vorauslaufen und sich führen.

Sie kommt zum Bach und findet ihn fast vollständig zugeschneit und zugefroren. Nur an wenigen Stellen gluckst das Wasser noch durch die Schneedecke.

Die Hütte hockt am Hang und beobachtet. Sie hat keine Eile. Zeit ist ihr nicht wichtig.

Wichtig ist Bewegung. Genau richtig, nicht zu hastig, nicht zu zögerlich, genau richtig.

Bisher bewegt sich alles, wie es sein muss.

Also beobachtet die Hütte. Hockt am Hang und am Berg, wie schon immer, und wartet.

Katharina steht im Schnee und schaut auf den Bach und den Schnee und horcht auf das Glucksen des Wassers. Der Wald ist ein anderer als gestern noch und heute Nacht. Ein leichter Wind benimmt sich freundlich. Als wäre der Sturm nie gewesen. Als wäre die Angst nie gewesen. Der helle Himmel heute hat nichts Bedrohliches. Der Schnee unter ihren Stiefeln knirscht, wenn sie das Gewicht verlagert. Das Bachwasser glitzert, wenn es durch die Schneedecke zu sehen ist. Still ist es. Heute ist es still. Kein Wind. Katharina steht und bemerkt keine Kälte, verliert das Gefühl für den Tag um sich herum. Fühlt sich nicht in der Zeit, fühlt sich nicht an dem Ort dort stehen. Zugleich steht sie hier als Kind und horcht und staunt.

Irmelin und ihre Geschichten. Woher wusste die von diesen Geschichten? Von einer Jagd, die mit dem Wind oder als Wind um die Hütten und über den Berghang zieht. Vor der man sich vorzusehen hätte. Und wenn nicht? Wer weiß. Wahrscheinlich weiß Irmelin es und könnte erzählen.

Warum weiß sie selber so gar nichts davon? Schon als Kind hatte sie die Alte gekannt. Nie hatte die Derartiges erzählt. Die Eltern auch nicht. Erzählt man nicht gerade Kindern Geschichten?

Und sie selber? Doch, sie kannte Geschichten. Viele hatte sie erzählt bekommen, als Kind. Aber die Geschichten damals blieben Geschichten. Waren durchschaubar. Sollten sie braver machen, ordentlicher, ängstlicher. Sollten sie überreden, sich die Zähne zu putzen, mittags schlafen zu gehen, dem Weihnachtsmann ein Gedicht aufzusagen. Was auch immer. Das war meist unnötig, die Regeln hatte sie ja längst eingesehen. Nie aber wuchs eine von diesen Geschichten aus der Gegend, nie gehörte eine Geschichte so sehr ins Leben, dass sie nach ihr griff und sie so erfasste, wie das die der Irmelin taten. Die waren etwas vollkommen anderes. Die Geschichten der Irmelin hatten ihr nicht nur Angst gemacht, sie war hineingeraten, hatte alles für wahr gehalten, unleugbar. Auch wenn Irmelin die Geschichten genaugenommen noch gar nicht zu Ende erzählt hatte. Allein, Katharina wusste, dass es sie gab.

Jetzt reibt sie sich mit dem Handschuh über die Augen, blinzelt. Die Geschichten hatten ihr Angst gemacht? War es denn vorbei? Ist es denn jetzt und heute anders? Bei besserem Wetter? Nur, weil der Wind ausgeblieben war? Oder steckt sie noch mittendrin? Sie blinzelt zum freundlichen Himmel und ertappt sich dabei, sich zu entschuldigen, dass sie die letzte Nacht für ausgedacht halten könne. Ihr ist nicht klar, bei wem sie sich entschuldigt. Aber ein Gegenüber gibt es. Offensichtlich. So deutlich, wie ihr klar wird, sie steckt mittendrin. Sie weiß nicht, was sie glauben soll. Sich selber glauben? Dann waren Geschichten von reitenden Geistern schlicht Unsinn. Den Geschichten glauben? Der Jagd? Die letzten zwei Tage für wirklich halten? Das fällt ihr nicht schwer. Die Angst ist echt. Sie erinnert sich gut.

Also gilt ihre Entschuldigung, vor wem auch immer. Während sie noch steht und mit sich verhandelt, ihr rationales Denken gegen die Erinnerung und die Angst der letzten zwei Tage, sieht sie in den hellen Himmel und kann ihn mit einem Mal fühlen. Fühlt, der Himmel holt Atem. Da kommt noch was. Vielleicht.

Sie runzelt die Augenbrauen und schüttelt den Gedanken ab. Wenn es ein Gedanke war und nicht eher ein Gefühl.

Unsinn ist das. Ärgerlich schüttelt sie den Kopf. Den Himmel Luftholen fühlen. Sie besinnt sich auf das, was sie weiß, was wirklich ist. Sie steht in einem Wald. Es ist ein Nadelwald, eine Ansammlung von Fichten und von struppigem Unterholz. Schon immer hier beheimatet und möglicherweise auch aufgeforstet, oder wie sie es nennen, die Leute in den Bergen. Und der Bach, an dem sie steht, ist ein Bach. Hat eine Quelle. Fließt, der Schwerkraft folgend, ins Tal. Trifft sich irgendwann mit anderen Wasserläufen und wird wohl zum Fluss. Würde sie in einer Karte nachsehen, wüsste sie auch zu welchem. Daran ist nichts Geheimnisvolles, nichts zum Fürchten. Fürchten muss sie sich hier nur, wenn sie zu kalt wird, oder nass. Oder nicht zur Hütte zurückfinden würde. All das wird nicht passieren. Also ist alles ganz normal und in Ordnung.

Woher kam also aus diesem Wald und diesem Berg so eine Geschichte? Die Frage lässt sie nicht los. Immer wieder denkt sie darüber nach und ist beeindruckt. Dass diese halb erzählten Geschichten der Alten solche Kraft hatten und sie für einen Tag in die Hütte sperren konnten. Nichts anderes war passiert. Solche Angst hatte sie sich machen lassen, dass sie die Hütte gestern nicht verlassen hatte und sich in der Nacht zu ihrem Plüschbären flüchten musste. Trotzig tritt sie mit der Stiefelspitze eine Ladung Schnee in Richtung des Baches.

Der Schnee glitzert, der Bach gluckst und der Wald wartet.

Es wäre nicht verwunderlich, würde das Kaninchen auftauchen. Da kommt noch was. Katharina blinzelt, würde das Kaninchen tatsächlich gerne sehen, würde gerne Regeln erkennen. Allein, das Kaninchen bleibt weg.

Katharina starrt in den Schnee und auf den Bach. Alles hier wartet wohl. Sie weiß nicht weiter. Also versucht sie es wie in der Nacht zuvor. Da hatte sie sich den Plüschbären zu Hilfe geholt. Logisch war das nicht, hat aber geholfen. Warum nicht also jetzt den Bach? Das Kaninchen ist ja nicht zu sehen. Das würde sie kennen, allerdings taucht es immer von allein auf, nie hat sie es rufen können. Also den Bach. Der bleibt, wie er ist.

Katharina blinzelt, lässt eine Idee zu und folgt ihr. Dass die Idee nicht logisch ist, nimmt sie hin.

Wenn ihr also jetzt der Bach sagen würde, dass alles, was sie in ihn wirft, ein Holzstöckchen, ein Gedanke, ein Fühlen, alles eben, wenn alles, was sie in den Bach wirft, zu Kieselsand würde. Und wenn sie annimmt, dass das stimmt, ist das dann eine Geschichte des Baches? Eine alte Geschichte? Oder eine von ihr?

Wäre das Kaninchen da, würde es sich wohl amüsieren.

Der Bach sagt nichts. Natürlich nicht.

Mit einem Schniefen trampelt Katharina mit den Stiefeln im Schnee, schüttelt die Kälte ab und stellt sich in einen Sonnenfleck, um sich aufzuwärmen. Kraft hat die Sonne noch nicht. Sie wärmt nicht. Aber sie ist hell und blendet die Augen. Das wäre gestern nicht möglich gewesen.

Katharina wirft ihren Gedanken in den Bach. Kieselsand.

Keiner sieht sie, keiner hört sie. Keiner kann sie auslachen. Sie selber belächelt sich und ihre Idee. Den Kieselsand.

Sie stellt sich vor, sie würde in einer Gegend mit so alten Geschichten leben, und merkt, das würde sie gern. Nicht solche Geschichten, die ihr früher erzählt wurden, die waren nicht alt. Die waren durchschaubar. Da, wo sie herkommt, weiß sie nichts von solchen Geschichten, die Irmelin offensichtlich kennt. Geschichten, die das Land erzählt. Vermutlich.

Sie will sich also vorstellen, sie lebe in einer Gegend mit alten Geschichten. Schon wird es schwierig. Sie kann sich keinen solchen Ort vorstellen. Es fällt ihr schwer, einen Ort auftauchen zu lassen, der geeignet wäre. Sie weiß nicht, nach was für einer Gegend sie suchen muss. Also denkt sie sich einfach den Wald, in dem sie steht. Ist erleichtert und lächelt den Wald an. Der wartet. Stumm, freundlich, lauernd.

Doch, der Wald, der Bach, der Hang wären als Gegend durchaus brauchbar. Nur fehlen eben noch die Geschichten. Sie kann sich gut vorstellen, dass der Berg Geschichten kennt. Aber wie war an die heranzukommen? Irgendwann mussten doch auch Geschichten, die in Gegenden wie der hier erzählt wurden, ihren Anfang genommen haben?

Hatte jemand den Wald belauscht, oder den Bach oder den Winter? Katharina hat überhaupt keine Idee, wie das zu machen sei. Oder hatte jemand einfach erzählt? Und hatte dann, als die Geschichte sich auf den Weg gemacht hatte, nicht mehr sagen können: ›Aber halt, das war doch nur meine kleine Geschichte!‹ Die dann weitergereicht wurde und erzählt, wie eine von den uralten. Die sich veränderte und auf Reisen ging.

War es so? Musste man sie sich ausdenken, die Geschichten? Vielleicht war es genau so.

Als würde sie vor einer Aufgabe stehen, schüttelt sich Katharina wieder und blinzelt in die Sonne, die heute erstaunlich lange das Wolkenloch offen hält. Sie holt tief Luft, als würde sie ausholen, und fängt also an. Katharina denkt sich einen Bergriesen und einen Waldzwerg, die schon seit Urzeiten hier leben. Ohne Zögern tauchen beide auf, wie in einer Erinnerung. Nicht dass Katharina sie vor sich sieht, aber sie fühlen sich augenblicklich echt an. Die junge Frau lächelt zufrieden. Es funktioniert. Sie konzentriert sich wieder auf die beiden, die es eben noch nicht gab, die aber seit Urzeiten hier in der Gegend leben. Eigentlich leben beide für sich allein, erinnern sich aber immer mal wieder aneinander. Da sie sich aus Gründen, die weit zurückliegen, so weit, dass beide sie längst vergessen haben, nicht ausstehen können, streiten sie sich erbittert, wenn sie sich aneinander erinnern. Und machen in diesen Zeiten den Menschen im Tal und an den Berghängen Angst. Den Menschen, die natürlich nichts vom Bergriesen und vom Waldzwerg wissen, wohl aber den Streit spüren, mürrisch werden und sich in den Zeiten nicht gern in die Wälder und aus ihren Häusern trauen. Bis die beiden sich wieder vergessen und den Streit wohl auch. Denken die beiden das nächste Mal aneinander, geht der Streit von Neuem los, erbittert wie zuvor.

Katharina betrachtet ihre Geschichte. Ihr steckt noch die Angst des letzten Tages und der Nacht in den Knochen und sie hält ihre Geschichte für möglich, findet Gefallen an ihr. Sie macht weiter und denkt sich eine Waldfrau, eine Uralte, die in den Nebeln wohnt und von beiden, vom Bergriesen und vom Waldzwerg, weiß. Die Alte aus den Nebeln.

Da spürt sie mit einem Mal, wie Bach und Berg und Wald zuhören. Sie erschrickt und verbietet sich das Weiterdenken. Das Kaninchen bleibt weg, so gern sie es heute sehen würde. Gerade könnte sie Regeln brauchen. Als bewege sie sich in einem fremden Land. Das Kaninchen taucht nicht auf, so wie es sich ja eigentlich auch gehört. Aber alle anderen. Bach, Berg und Wald hören zu.

Kein Wort weiter wird Katharina denken. Wenn sie doch eine Geschichte denkt, die tatsächlich wahr wird, weil sie sie denkt? Welche sich dann von selbst auf die Reise macht, und von der sie dann irgendwann nicht mehr sagen kann: Das war doch nur meine kleine Geschichte.

Endlich bemerkt sie, wie hungrig sie ist und wie viel Zeit vergangen sein muss. Es muss Nachmittag sein, denn der Wald beginnt, dämmerig zu werden. Sie verlässt den Bach und macht sich auf den Rückweg. Die Geschichte nimmt sie mit, natürlich. Findet den Weg in ihren eigenen Stiefelspuren leicht zurück. Jetzt spürt sie ihre Beine kalt und müde werden beim Gehen. Der Wind und das Wetter sind über den Tag freundlich geblieben. Es ist still, immer noch. Wie auch heute Vormittag, als sie losging. Nur dämmerig wird es jetzt schnell. Katharina beeilt sich. Sie stapft so zügig wie sie vorwärtskommen kann in ihrer eigenen Spur durch den Schnee bergab und kommt an der Hütte an, bevor es wirklich dunkel geworden ist.

Als es dunkel wird und sie die Hütte erreicht, sieht sie das Licht hinter den Fenstern. Erst erschrickt sie und dann fällt es ihr wieder ein. Es sollte aussehen, als würde sie erwartet, sollte sich so anfühlen. Sie lächelt, reibt sich mit dem Handschuh übers Gesicht und fühlt sich tatsächlich, als würde sie in ihrem Häuschen jemanden besuchen, der auf sie wartet. Willkommen fühlt sie sich und nicht allein, als sie polternd durch die Tür stapft und den Schnee von den Stiefeln klopft. Das Gefühl hält an, auch als sie in der Stube steht. Selbst als sie die dicke Jacke ablegt, den Schal noch umbehält, und auch, als sie beginnt, sich um das Feuer zu kümmern. Natürlich weiß sie, es war ihr eigener Trick. Trotzdem funktioniert er, und die Hütte fühlt sich bewohnt an. Gerade weil draußen mit zunehmender Dunkelheit der Wind wieder zu hören ist und lauter wird. Und wohl auch, weil sie nicht mehr darüber nachdenkt, ob sie Irmelins Geschichten glauben will. Sie kann die Jagd hören und will nicht nachsehen.

Das Feuer im Herdofen greift heute leicht nach den Holzscheiten. Es knistert hungrig und tanzt und nichts ist mehr zu merken von der Mühe des ersten Tages, die Flammen am Leben zu halten. Schnell wird die Stube warm.

Das Licht in der Stube, das Gefühl, die Hütte sei bewohnt, die Leichtigkeit des Herdfeuers. Katharina gelingt es fast, die Dunkelheit, die sich wieder den Flur der Hütte erobert, und den Sturm der Nacht, der wieder merklich anzieht, sobald es draußen wirklich dunkel geworden ist, nicht zu sehr zu beachten. Sie meidet den Flur, fühlt sich drinnen aber vor der Angst sicherer als in den letzten Nächten. Immer wieder denkt sie an den Bergriesen und den Waldzwerg wie an etwas, das sie in ihrem Rucksack verstaut hat. Sie ist zufrieden damit, vermeidet aber das Weiterdenken der Geschichte. Wie auch schon oben am Bach. Und wie auch schon am Nachmittag in der Sonne im Schnee hat sie das Gefühl, der Wald belauscht sie, sobald sie an ihre ausgedachte Geschichte denkt.

Noch hat sie einiges von der Suppe, wärmt die auf dem Herd auf und isst schnell. Der Tag draußen hat sie hungrig gemacht. Die Suppe hält sie vom Weiterdenken der Geschichte ab. Ihr Gesicht glüht, ihre Muskeln fühlen sich schwer an. Deutlich spürt sie, sie war den Tag über draußen, so hat sie sich lange nicht mehr gefühlt. Gern würde sie jetzt in eine Badewanne steigen, doch sie ist sehr zufrieden mit sich. Als sie die Metallklappe des Herdes aufschiebt, das Scharnier quietscht und das Feuer knisternd auflodert, als sie neues Holz in die Glut legt, wundert es sie auch gar nicht mehr, dass der Wald sie belauscht.

Sie macht Wasser auf dem Herd heiß, wäscht sich und hofft so, den Muskelkater erträglich zu halten. Wenn schon kein heißes Bad.

Dann gibt es nichts mehr zu tun. Wieder, wie in den Nächten zuvor, steigt sie mit ihrem Buch zeitig ins Bett. Ein Glas Wein hat sie sich noch aus dem Karton gezapft und nimmt es mit in die Kammer. Sie ist müde. Hat diesmal nicht mehr viel von Buch und Wein und schläft schnell ein. Auch den Sturm draußen vor dem Fenster hört sie nur wie beiläufig.

Beim Einschlafen noch fühlt sie sich in einen Traum schlittern, hat heute nichts dagegen und freut sich auf die Bilder.

Sie sieht sich vor der Hütte stehen, um die der Sturm pfeift und tanzt. Allerdings können ihr Wind und Kälte erstaunlicherweise nichts anhaben. Die Angst auch nicht. Sie steht einfach da und sieht sich um. Im Fensterrahmen sitzt der Rabe und sieht sie an. Sie betrachten sich eine Weile stumm. Er mit schwarzen Augen, immer mal mit einer schnellen Bewegung den Kopf schief legend und mit kurzen, schnellen Flügelbewegungen, als wolle er seinen Sitz korrigieren. Sie beobachtet ihn nachdenklich, forschend. Katharina überlegt einen Moment, bevor sie ihn fragt: »Gehörst du zur wilden Jagd?«

»Nein. Aber die Nächte sind günstig, dass wir uns sehen können.«

»Wer bist du?«

»Ist jetzt nicht wichtig. Frag mich was anderes.«

Katharina stutzt, müsste ärgerlich werden. Wird es aber nicht. Im Gegenteil, sie fühlt sich beinah wohl in ihrem Traum, vor der Hütte, mit dem Raben, der zwar nicht ihre Frage beantwortet, aber immerhin mit ihr spricht und ihr erstaunlicherweise keine Angst macht. Also sollte sie sich ärgern, dass er auf ihre Frage nicht antwortet. Tut sie aber nicht. Sie ist eher erleichtert. Nicht wichtig also, nicht jetzt. Also gut, dann braucht sie ja darüber nicht nachzudenken, wer er denn nun ist. Es ist ganz leicht, sie muss überhaupt über nichts nachdenken. Sie muss sich nicht anstrengen, die Frage taucht wie von selbst auf, aus dem Bach, dem Kieselsand, der Wanderung. Bevor Katharina noch die Frage, die von selbst auftaucht, im Denken überhaupt gefunden hat, hört sie sich fragen. Oder eher bitten:

»Erzähl mir eine Geschichte aus meiner Gegend!«

Nach einer Bitte klingt das nicht. Eher nach Aufforderung. Nicht sehr höflich, aber um Höflichkeiten geht es ja wohl nicht. Das fühlt Katharina deutlich im Traum, und der Rabe scheint zufrieden. Er nickt und erzählt.

Katharina braucht einen Moment, um sich an den schnarrenden Klang seiner Stimme zu gewöhnen und sich nicht zu wundern, dass ein Rabe erzählen kann. Dann kann sie ihm zuhören.

Sie bestellten ihr Land, jagten das Wild in den Wäldern und fischten in den Flüssen und beteten und opferten ihren Göttern. Die Nachbarstämme waren nah und fremd. Sie stritten sich um Flüsse, Wälder, Länder und Götter. Sie kämpften und sie erschlugen die Krieger der nahen, fremden Stämme. Nahmen die Länder in Besitz und fischten und jagten in den Ländern, die nun ihnen gehörten, und vertrieben die fremden Götter. So ging es lange, und sie lebten und ihre Zahl wuchs, der Stamm war gesund.

Es kamen neue Nachbarstämme, auch deren Zahl wuchs und auch die waren gesund. Und das Kämpfen begann erneut. Wurden ihre eigenen Krieger erschlagen, zogen sie sich zurück, erholten sich, um irgendwann wiederzukommen.

Es gab viele fremde Götter, die zu vertreiben waren.

Nur manchmal, nur sehr selten, trug es sich zu, auf beiden Seiten der Stämme und der Kämpfe, da war die Zeit gleichsam vergessen und nicht zu spüren.

Die Menschen waren eins mit dem Wald, mit dem Wasser der Flüsse, mit dem Ziehen des Windes und dem Flug der Vögel. Es war ein Glück. Kein fremder Gott war mehr zu spüren, kein eigener. Die Dinge fühlten sich wahr und echt an und waren zu greifen. Also griffen sie zu und fühlten die Ewigkeit und das ewig Gültige. Das ewig Gültige, das in ihrem Griff nicht zu halten war.

Dieses Gefühl war so groß und so weit, und in dieser Größe nicht zu ertragen, dass es etwas Kleinem bedurfte, um ihm eine Heimat zu geben.

Also nahmen sie ihre kleinen Zänkereien und Kriege und füllten sie mit dem großen, weiten Gefühl von Ewigkeit und Wahrheit.

Und weil sie sich insgeheim dafür schämten, suchten sie wieder nach den Stämmen im Nachbarland, weil sie jemanden brauchten, dem gegenüber sie im Recht waren.

Der Rabe ist fertig mit seiner Geschichte. Katharina in ihrem Traum ist zufrieden, probiert den Klang der Geschichte und verstaut sie bei sich. Sie denkt nicht daran, ihn nach anderem zu fragen. Nach den alten Regeln. Er scheint von sich aus nichts Weiteres erklären zu wollen.

Als Katharina aufwacht, hat sie kein Wort der Geschichte verloren. Sie liegt still unter der Decke und fühlt sich, als habe sie ein Geschenk bekommen und müsse es irgendwann nur noch auswickeln.

Draußen ist es wieder dunkel und nicht freundlich. Als habe die Jagd gestern nur eine Pause gemacht. Trotzdem zieht sich Katharina nach dem Herdanmachen, dem Kaffeekochen und einem schnellen Frühstück dick an und will nach draußen. Will nicht weit gehen, aber eine kleine Runde auf den alten Kinderwegen machen. Will sich auf gar keinen Fall vom Sturm wieder in die Hütte sperren lassen.

Wieder lässt sie das Licht an und geht diesmal nicht weit von der Hütte weg. Misstrauisch beobachtet sie die Fichten, an denen sie vorbeistapft. Fürchtet herunterbrechende Äste und Schneepakete. Eine reale Gefahr, vor der sie sich in Acht nehmen kann, wie sie meint. Greift die Angst vor der Jagd und dem Lauern im Wald nach ihr, dann denkt sie an das erleuchtete Fenster der Hütte. So geht es. Aber dennoch hält sie den Weg nur kurz und kehrt bald um. Müde, Angst strengt an, aber sehr zufrieden mit sich kommt sie wieder bei der Hütte an. Die Angst ist geblieben, aber sie kennt sie. Und sie lässt sich von ihr nicht mehr in der Hütte einsperren.

Als gerade das Feuer im Herd wieder kräftig und lebendig brennt, hört Katharina draußen das Trampeln von schweren Stiefeln, und die Außentür wird aufgeschoben. Erschrocken wendet sie sich mit einem Ruck vom Herd zur Tür und sieht Irmelin hereinkommen. Die Alte nickt und murmelt der Jungen einen Gruß zu. Fragt, wie es ihr gehe.

Katharina atmet erleichtert aus, lächelt, schiebt sich aus der Hocke vor dem Herd nach oben und bittet die alte Frau herein. Der Form halber, drin ist sie ja schon, und nur um irgendwas zu sagen, in der Überraschung. Sie wundert sich über ihre belegte Stimme, da sie heute noch nicht gesprochen hat. Rasch setzt sie den Wasserkessel auf den Herd, um Tee zu kochen. Als das erledigt ist, stellt sie den Topf mit der restlichen Suppe auf den Herd, um sie aufzuwärmen.

Die Alte sieht ihr bei den Handgriffen zu und scheint zufrieden.

Katharina ist nach dem ersten Schreck erleichtert und ganz froh über den Besuch der anderen. Froh, eine echte Stimme zu hören und Irmelin hier in der Stube sitzen zu haben, während sie Tee aufgießt, Suppe aufwärmt und Teller und Löffel herauskramt. Dabei fragt sie die alte Frau, wie es ihr unten auf dem Hof im Sturm ergangen ist. Die kennt den Sturm und die Nächte. Wohl auch die Angst. Da sie abwinkt, nur etwas murmelt und nicht weiter auf die Frage eingeht, kann auch Katharina wegdenken vom Sturm und der Angst. Also unterhalten sich beide über herrlich Alltägliches.

Die Handgriffe in der Stube und am Herd sind erledigt, und sie sitzen irgendwann beide am Tisch, löffeln die heiße Suppe und trinken Tee. Als sich nach Reden und Löffeln und Teetrinken eine wohlige Pause und ein gar nicht störendes Schweigen breitmacht, sieht Katharina forschend zu der Alten. Noch zögert sie. Aber wenn ein Bächlein sie zum Geschichtenerfinden bringt, wenn die Hütte sie mit nur einem Licht willkommen heißen kann und sie mittlerweile die Jagd jede Nacht für sehr wirklich hält, warum dann nicht der alten Irmelin von den Träumen und den alten Regeln des Raben erzählen? Von den alten Regeln, die gelten, aber mit denen sie so gar nichts anfangen kann. Hatte nicht Irmelin sie gemahnt, auf die Träume zu achten? Auch wenn sie tatsächlich heute noch mit keinem Wort die Träume erwähnt hat.

Die Welt, aus der Katharina kommt und in der Dinge wie Raben, Träume und Kieselsand natürlich keine Rolle spielen, ist weit weg. So erzählt sie endlich der Alten vom Traum der ersten Nacht, ausführlicher als vor einigen Tagen beim Kochen der Suppe, so ausführlich, wie sie sich an alles erinnern kann. Erzählt vom Raben, der ihr nichts erklären wollte, und fragt sie nach den Regeln, nach den alten.

Irmelin hört zu, nickt unmerklich, sieht vor sich auf den leeren Teller und winkt mit einer kleinen Bewegung mit ihrer leeren Teetasse. Katharina schenkt ihr Tee nach und ist fast sicher, auch diesmal von Irmelin keine Erklärung zu bekommen. Wie sollte sie auch. All das, die Träume, der Rabe, die Fragen waren nur in ihrem eigenen Kopf entstanden. Dumm war es, die Alte danach zu fragen, doch nach einer Weile sagt die: »Hmm, die Regeln, weißt du. Die will wohl jeder richtig befolgen. Auf der richtigen Seite stehen. Fühlt sich einfach gut an zu wissen, dass alles richtig ist.« Sie nickt wieder und schlürft ihren Tee, um dann weiterzureden, leise, ohne Aufregung: »Nur was sind wohl die richtigen Regeln? Und wer macht die? Gibt so viele, die das von sich behaupten. Nicht wahr?«

Sie sieht Katharina jetzt gerade an und die nickt nachdenklich.

»Musst in dir selber die Regeln finden, die gelten.«

»Wie weiß ich, dass es die richtigen sind?«

»Eben das musst du lernen. Wie sich's anfühlt, wenn's richtig ist. Das sind die alten Regeln. Die ältesten.«

Damit scheint sie fertig zu sein mit Erklären, stellt ihre Teetasse ab. Katharina fürchtet, sie wird sich aus der Bank schieben und verschwinden, schnell und nicht zu halten, wie sie das schon von ihr kennt.

»Und diese Jagd, Irmelin, wie lange sind die Reiter hier?« Schnell schiebt sie die Frage hinterher, ehe Irmelin sich aufmachen kann.

»Ziehen die irgendwann weiter? Kann mich nicht erinnern, dass die früher hier waren, wenn wir auf der Hütte waren.«

»Ist nicht mehr lang. Natürlich waren die nie hier, wenn ihr auf der Hütte wart. Die brauchen die Zeit zwischen den Jahren. Das sind zwölf Nächte. Nicht mehr lang.«

Tatsächlich stützt sich die Alte jetzt mit den Händen auf der Tischplatte ab, drückt sich hoch, schiebt sich aus der Bank und macht sich fertig, um sich wieder auf den Weg zu machen. Sie sieht mit einem forschenden Blick zu Katharina.

»Aber deswegen bist du doch hier?«

Katharina sieht ein flüchtiges, bitteres Lächeln bei der Alten.

Irmelin steigt den Weg wieder hinunter, den sie gekommen ist. Es gibt keinen Grund mehr für Umwege. Die Junge weiß, dass sie wegen ihr hier heraufgestiegen ist.

Der Mond schafft es nicht durch die wieder zugezogenen Wolken. Der Schnee macht die Nacht nur um weniges heller. Irmelin steigt nachdenklich bergab und muss dabei sehr auf den Weg achten. Sie überlegt immer wieder. War es vielleicht doch möglich? Die junge Frau ist noch da, ist nicht wieder abgereist in ihre Stadtwohnung und beginnt, nach den richtigen Sachen zu fragen. Vielleicht. Immerhin beginnt sie zu fragen. Was weiß sie, eine alte Frau, schon, was für diese Junge der Anfang der richtigen Fragen ist? Und was ihr wohl fehlt, bevor sie Hütte und Rabe hören kann. Immerhin den Raben hört sie ja offenbar, mittlerweile. Irmelin will sich an ihren Plan halten. Sie wird Katharina weiter beobachten. Tatsache ist, die Junge ist noch da und sie beginnt zu fragen.

Als Irmelin gegangen ist und mit nur wenigen Schritten in der Bergnacht verschwunden ist, beschließt Katharina, heute über die Nacht ein Licht in der Hütte anzulassen. Wegen der Jagd sei sie hier. Mal wieder ist es ihr ein Rätsel, was Irmelin damit meint, was sie mit knappen Sätzen sagt. Wie schon so oft, gerade noch im Losgehen. Und mal wieder hatte sie nichts erklärt. Dass die Jagd echt ist, stellt Katharina nicht mehr infrage. Vielleicht kann sie deswegen das Licht anlassen.

Wenn doch das Licht beim Heimkommen von den Spaziergängen und auch unterwegs hilft, warum dann nicht auch während der Nacht? Auch wenn Lichtanlassen nach einer Kinderangst klingt. Da jedoch niemand hier ist, dem sie es erklären muss, kann sie zugeben, dass sie Angst hat. Das Kaninchen bleibt verschwunden. Regeln? Regeln zum Lichtanlassen gelten nicht auf einer Berghütte. Wenn sie keine Regeln erkennen kann, nach denen sie sich richten muss, ist das immerhin eine Entscheidung.

Sie lässt also das Licht an und fühlt sich erstaunlicherweise weicher und leichter. Und zufrieden. Kein unsicheres schlechtes Gewissen, wie sie es erwartet hätte. Sie hat eine Entscheidung ohne Regeln getroffen, was eigentlich nicht möglich ist. Stattdessen fühlt sie die Zufriedenheit irgendwo mitten im Bauch. Das Licht bleibt an, und die Nacht ist da und die Jagd wird sich wieder den Flur nehmen und das Dunkel um die Hütte sowieso. Als hätten sie eine Abmachung. Katharina überlässt der Jagd den Flur. Aber drinnen fühlt sie sich sicher. Das ist neu. Tatsächlich fühlt sie sich erleichtert und sicher. Ganz ähnlich wie beim Ankommen in der Hütte nach den Spaziergängen in den letzten zwei Tagen, als sie das Licht von außen hat sehen können. Kann sich eine Entscheidung anfühlen wie das angelassene Stubenlicht? Denkt sie an ihr Krankenhaus, an den Dienstplan, an die Ausreden, ist das Gefühl im Bauch nicht zu finden. Sofort ist der Ärger wach. Das Ausgenutztsein. Das Nichtentscheidenkönnen, warum auch immer. Alles Mögliche ist deutlich zu finden, nur nicht diese Zufriedenheit irgendwo mitten im Bauch. Wie die im Krankenhaus auftauchen sollte, weiß sie nicht. Wenn's so einfach wäre, und sie dort einfach einen Lichtschalter eingeschaltet lassen könnte. Sie grinst bitter und macht sich auf den Weg in die Schlafkammer. Da fällt ihr die Geschichte des Raben ein, ihre eigene, das Geschenk. Ein Gefühl, so groß, dass es nicht zu ertragen war? Und die Kämpfer mussten davor weglaufen und sich weiterprügeln? So hieß es doch dort.

... waren eins mit dem Wald, mit dem Wasser der Flüsse, mit dem Ziehen des Windes und dem Flug der Vögel ...

Erstaunlicherweise erinnert sie sich genau an jedes Wort. Sie stellt sich das Einssein als ein zufriedenes Gefühl irgendwo mitten im Bauch vor und versteht nicht, warum man davor davonlaufen muss? Aber so war es in der Geschichte. Sie hielten das Gefühl nicht aus, schienen es irgendwie so zu übersetzen, dass es für ihre Streitereien herhalten konnte, und prügelten sich weiter. So versteht sie die Geschichte. Katharina ist sich sicher, sich richtig zu erinnern. Sie schüttelt den Kopf, streift die Wollsocken über die Füße, schließt die Tür zur Schlafkammer, sieht noch den Lichtschein unter dem Türspalt und kriecht unter die Decke. Erzählt sich die Geschichte, ihre Geschichte, kann sich an jedes Wort erinnern und kostet wieder den Klang, den sie hört, als würde der Rabe neben ihr sitzen und erzählen.

Im Bett, unter der Decke vergraben und ihrer Geschichte zuhörend, die sie sich immer wieder von Neuem erzählen kann, horcht sie nach draußen. Sie hört die Jagd und beginnt, ihr nachzuhören, als beobachte sie die Reiter. Nicht umgekehrt. Keinen Wein hat sie heute am Bett, und ihr Denken schlingert in den nächsten Tag. Sie muss Wasser von der Quelle holen. Den Holzvorrat im Gang muss sie aufstocken, und einen Spaziergang wird sie machen. Und Ausschau nach der Jagd halten, so wie jetzt eben. Das ist viel besser, als sich beobachtet zu fühlen. Wieder eine Entscheidung, für die ihr eigentlich die Regeln fehlen. Sie muss lächeln. Und die Träume? Auf Träume achten. Sie versucht, die Träume der letzten Nächte zu sammeln. Kann sich an erstaunlich viel erinnern und findet erstaunlich wenig Sinn darin. Einzig die Träume, in denen der Rabe auftaucht. Bei denen lohnt es sicherlich, dass sie sie beachtet. Morgen wird sie aufschreiben, an was sie sich erinnert, was sie noch zu fassen bekommt, aus all den Träumen. Sie wird es Irmelin zeigen, vielleicht. War doch deren Idee. Deren Aufgabe für sie. Soll Irmelin eine Bedeutung aus diesen Träumen graben. Wieder eine Entscheidung, bemerkt Katharina im Denkschlingern und wird immer müder. In zwei Tagen wird Irmelin wiederkommen. Noch bevor sie am Abend in die Nacht verschwinden konnte, hat Katharina sie eingeladen. Diesmal würde sie ein Essen für sie beide kochen, nicht Irmelin. Die Suppe war aufgebraucht. Morgen würde Katharina durch ihre Vorräte sehen, die ja abgesehen von den Frühstückssachen noch nicht wirklich angetastet waren. Zuerst hatte die alte Frau verwundert ausgesehen, dann jedoch zugesagt.

Über diesen Überlegungen, dem Klang der Geschichte und mit dem Lichtschein unter der Tür treibt Katharina in den Schlaf. Keine Angst, die sie heute hat finden können.

*

Der kleine Beobachterwind hält sich weiterhin in der Gegend um den Berg, das Dorf und die Talfelder auf. Einer Gegend, die er kennt und die er unzählige Male durchstreift hat. Noch hat der Große keine Notiz von ihm genommen, hat wohl Gewichtigeres zu tun. Der Berg nämlich scheint nicht mehr so ganz derselbe zu sein. Seit wann das so ist? Da ist der kleine

Wind sich nicht sicher. Aber dass es so ist, das hat er bemerkt. Natürlich steht da der Berg. Die Forststraße führt nach oben, am Hof der Irmelin vorbei, in einem Zug mit dem Oberlandkabel, dessen Masten am Rand der Forststraße aufgereiht stehen. Bis hinauf zur Hütte, die natürlich am Hang hockt, wie sonst auch. Nur kommt das alles dem kleinen Wind fremd vor, obwohl es wie immer aussieht, als hätte sich ein anderer Berg, eine andere Hütte, ein anderer Wald in das gewohnte Bild geschlichen. Als wäre das Gewohnte eine Kulisse, hinter der sich etwas abspielt, was nicht zu sehen ist.

Er fühlt Fremdes, hält es für ungut, ist sicher, er sollte besser verschwinden und den großen Alten aus der Gegend, wo die Zeit entsteht, vergessen. Froh sein, dass er bisher noch nicht entdeckt worden ist. Allein, er ist in seinem Wesen Neugier. Gegen sein Wesen kann er nicht an. Also bleibt er, wo er ist. Kann sich nicht lösen von dem, was er nicht sieht, und wartet.

*

Katharina ist mit dem Klang der Geschichte, die ihr der Rabe geschenkt hat, wach geworden. Sie hört sich nicht über, kann sie sich immer wieder erzählen. Weiß jedes Wort, als würde sie den Text von einem Papier lesen. Immer wieder wundert sie sich über den Rückzug dieser Krieger. Oder Landsknechte, wie immer die damals wohl genannt wurden. Zu gern hätte sie dieses Große erlebt, was die offenbar nicht ertragen haben. Sie nimmt denen übel, was sie ausgeschlagen haben. Vielleicht ist es das zufriedene Gefühl irgendwo in der Mitte des Bauches. Aber eigentlich hat sie keine Vorstellung, wie sich das angefühlt haben könnte. Sie würde es gern wissen. Und die haben einfach darauf verzichtet, leichtfertig. Sie haben das Geschenk nicht angenommen. Nicht anders stellt sie es sich vor. Kann es sich nicht anders vorstellen. Sie bemerkt, wie ernst sie die Geschichte nimmt, wie sehr sie denen ihren Rückzug übel nimmt. Sie hält sie für feige und ist böse auf sie, als wären sie echt. Sie schüttelt den Kopf. Es ist nur eine Geschichte.

Sie steigt in ihre Kleidung, heizt den Herd an. Dabei sieht sie immer mal wieder durch das niedrige Fenster nach draußen. Ein milchiger Morgen ist es, nicht wirklich hell, aber verglichen mit den letzten Tagen fast freundlich. Kein Heulen ums Haus, kein Sturm ist zu hören. Die Jagd scheint abgezogen zu sein, mit dem Auftauchen dieses dichten, milchigen Lichtes heute Morgen, mit dem Wegdämmern der Nacht.

Katharina will den Tag und das Licht nutzen, Holz auffüllen, Wasser holen und einen Gang den Berg hinauf machen. Also beeilt sie sich mit dem Kaffeekochen. Stellt schnell einige Sachen zum Frühstück auf den Tisch, lässt Hirse im Wasser aufkochen und schiebt den Topf ganz an den Rand der Herdplatte. Zum Ziehen muss die Hirse nicht mehr auf der heißen Herdmitte direkt über dem Feuer stehen, das hat sie in den letzten Tagen ausprobiert. Mehr als einmal ist ihr die noch nicht weiche Hirse übergekocht, weil sie die Wärme der Herdplatte völlig falsch eingeschätzt hatte. Ein schnelles Aufkochen reicht vollkommen aus.

Jetzt schneidet sie sich etwas Feta zurecht und holt die Butter heraus. Beides wird sie unter die fertige Hirse rühren. Der Kaffee ist aufgegossen. Sie gießt sich eine erste große Tasse ein und steht mit dem ersten Schluck daraus mitten im Zimmer und spürt den heißen Kaffee im Magen ankommen, und als würden Küche, Herd und Morgen mit diesem ersten Schluck kurz anhalten, kann jetzt der Tag beginnen.

Die Hirse hat gezogen. Butter und Feta rührt Katharina unter, würzt mit Salz, Basilikum, Pfeffer und etwas Thymian und löffelt dann fast hastig ihr Frühstück. Sie verbietet sich, dabei ihr Buch aufgeschlagen neben den Teller zu legen, wie sie es sonst gern tut. Gerade eben gestattet sie sich, sich zum Essen hinzusetzen. Erstaunlich eilig hat sie es mit dem Frühstück. Sie will nach draußen, solange das milchige Licht hell bleibt.

Eilig spült sie mit dem Rest des warmen Wassers die Essschale und die Kaffeetasse aus. Räumt alles wieder an seinen Platz. So eilig, wie sie es hat, aber das muss sein. Die Dinge müssen ihre Ordnung haben. Zwei dicke Holzscheite legt sie noch ins Feuer, das bereits eine kräftige Glut hat.

Sie zieht ihre Stiefel, die dicke Jacke und die Handschuhe an. Wickelt den Schal so, dass sie ihn über das Gesicht schieben kann und nimmt sich im Vorraum die Kiepe. Die Tür zum Wohnraum schließt sie sorgfältig. Nichts von der Herdwärme soll verloren gehen.

Dann steht sie in der offenen Hüttentür und mustert den Platz zwischen Hütte und dem Schneehügel, unter dem sie das Brennholz weiß. Alles liegt in diesem milchig hellen Licht, und tatsächlich ist gerade kein Wind zu spüren, keine Jagd, kein Sturm. Es ist still. Und kalt. Mit zusammengekniffenen Augen blinzelt Katharina in das milchige Weiß. Zu still ist es fast. Als lauere um die Stille herum der Sturm. Katharina ruckelt sich die Kiepe auf der rechten Schulter zurecht, fasst die Schaufel mit der linken Hand fester und geht mit kräftigen Schritten zum Schneehaufen. Sie wird sich nicht wieder so erschrecken lassen. Diesmal wird sie den Sturm beobachten oder das, was sich dahinter versteckt. Nur nicht wieder zu schnell werden, zu schnell atmen, sich zu schnell bewegen und so der Angst nichts entgegenhalten können. Sie setzt die Kiepe ab, sieht sich um und entdeckt nichts. Nichts am Waldrand, nichts in den Fichten, nichts im milchigen Himmel, was ihr Angst machen könnte.

Ihr Plan scheint aufzugehen. Noch atmet sie ganz ruhig und beginnt mit der Arbeit. Sie schaufelt den frischen Schnee beiseite und zieht dann einen Holzscheit nach dem anderen aus dem Haufen, um sie dann in ihre Kiepe zu legen. Die Angst vom letzten Mal erfasst sie nicht. Doch sie hat das Gefühl, den Waldrand im Auge behalten zu müssen. Tut sie das, kann sie die Angst im Zaum halten. Sie kann sich diesmal sogar die Zeit lassen, schon hier, am eingeschneiten Holzhaufen, den Schnee von den Scheiten zu klopfen und diese ordentlich in die Kiepe zu stapeln. Die Kiepe wird schwerer werden als beim letzten Mal, aber sie wird deutlich mehr Holz als vor ein paar Tagen ins Haus tragen können. Als die Kiepe gefüllt ist, stützt sie sich noch einmal darauf ab, das Korbgeflecht knarrt unter ihrem Gewicht. Sie blinzelt zum Waldrand und lächelt. Es ist ihr gelungen. Nicht sie hat sich beobachtet gefühlt. Sie hat die Jagd beobachtet und damit die Angst im Zaum gehalten.

Sie holt tief Luft und wuchtet mit beiden Händen die deutlich schwerere Kiepe auf halbe Höhe und stellt sie auf dem Holzhaufen ab. Dann dreht sie sich, nimmt die Kiepe auf den Rücken und greift nach der Schaufel, die sie vorsorglich am Holz angelehnt hat. Mit dem Gewicht auf dem Rücken will sie sich wirklich nicht bücken müssen. Sie stapft los, weit ist es ja nicht. Jetzt, mit dem Gewicht der Kiepe auf dem Rücken, kann sie sich nicht umdrehen und den Wald im Auge behalten. Trotzdem zwingt sie sich, langsam zu gehen. Nichts wird auftauchen, was nicht hätte die ganze Zeit auftauchen können.

Es ist tatsächlich nicht weit. Nach ein paar Schritten erreicht sie die Hütte, schiebt sich durch den Eingang in den Flur und drückt die Außentür zu. Ein breites Grinsen schiebt sich in ihr Gesicht, und sie setzt sehr zufrieden die Kiepe ab. Ihr Plan ist aufgegangen, sie war der Angst nicht ausgeliefert. Genügend Holz hat sie für die nächsten Tage geholt. Jetzt packt sie mit einem Summen die Scheite auf den Stapel im Flur und stellt die Kiepe dann umgedreht oben auf den Stapel. Das bisschen Schnee, was darin gelandet ist, soll herausfallen können und die Kiepe trocknen.

Katharina tritt sich schnell den Schnee von den Stiefeln und geht hinein, um den Kanister zu holen. Als Nächstes wird sie Wasser holen und dann noch einen Spaziergang machen. Bislang ist sie zufrieden mit sich. Sie hält sich nicht lang auf, nimmt nur den Kanister und will mit den nassen Schuhen nicht unnötig in der Stube herumgehen. Bevor sie die Tür wieder hinter sich zuzieht, schaltet sie das Licht ein. Wenn doch die kleinen Hilfen so gut funktionieren, warum dann darauf verzichten?

Der Weg zur Quelle wird etwas weiter sein als der zum Holzstapel, und sie wird kurzzeitig, durch das Ansteigen am Berg, die Hütte nicht mehr sehen können. Also werden die Fenster hell sein, wenn sie wiederkommt.

Mit dem Kanister in der Hand, die Fausthandschuhe hat sie wieder übergezogen, tritt sie vor die Hütte und zieht die Tür hinter sich zu. Wieder blinzelt sie irritiert gegen das milchige Weiß und horcht in die Stille, die ihr nach den Stürmen der letzten Tage seltsam vorkommt. Es ist tatsächlich nichts aus dem Wald zu hören, weder Wind noch Vögel. Nichts. Aber sind im Winter überhaupt Vögel zu hören, im Wald, am Berg? Sie weiß es nicht. Nur kommt ihr eben diese Stille deutlich zu still vor. Als lauere dahinter der Wald oder eben das, was da seit Tagen lauert. Vielleicht hat ja auch das seine Strategie geändert, nicht nur sie selber? Noch steht sie vor der zugezogenen Tür, blinzelt dem Wald entgegen und schüttelt jetzt energisch den Kopf. Nein, das wird sie nicht weiterdenken. Sie wird jetzt Wasser holen, wie geplant, und dann ihren Spaziergang machen, auch wie geplant. Also richtet sie sich auf, wischt sich schnell mit dem linken Fausthandschuh über das Gesicht und geht los.

Es bleibt still, bis auf ihre Schritte, die im Schnee knirschen. Das erscheint ihr laut gegenüber der sonstigen Stille, die sie umgibt. Recht schnell hat sie die paar Schritte den Berg hinauf zur Quelle hinter sich gebracht und muss nur wenig schnaufen, als sie dort ankommt. Der Waldrand ist geblieben, wie er war, und das Licht auch. Milchig und schwer und hell.

Sie lächelt. Was für eine dumme Angst sie da wieder überlisten wollte.

Auch heute ist die Quelle zugeschneit. Als sie sich nach unten bückt, um den Schnee mit den Händen wegzuschieben, muss sie schniefen. Während sie sich mit dem Unterarm über die Nase fahren will, sieht sie aus dem Augenwinkel eine Bewegung vor sich. Erschrocken blickt sie auf und hält erstaunt inne. Vor ihr, direkt über der Quelle, hockt der Rabe. Schlägt noch ein, zwei Mal mit den Flügeln, gerade ist er gelandet und muss offenbar noch das Gleichgewicht finden.

Katharina richtet sich auf und sieht ihn verblüfft an.

»Du? Hier?«

»Ja, ich hier.«

Sie nickt und tritt dann erschrocken einen Schritt zurück.

»Ich kann dich hören?«

»Offenbar.«

Ihn scheint das nicht zu verwundern. Allerdings kennt sich Katharina mit der Mimik eines Raben nun wirklich nicht aus. Seine Stimme klingt knarrend, wie sie ihr aus den Träumen vertraut ist, und dabei sehr gelassen. Sprachlos starrt sie ihn an. Er schüttelt ganz leicht das Gefieder und sieht sie weiter an.

»Es scheint etwas zu geben, das du mich fragen willst«, hilft er ihr auf die Sprünge: »Sonst wäre ich nicht hier, und du könntest mich nicht hören.«

Katharina runzelt die Stirn und murmelt: »Ach so ist das.«

Als würde sich damit erklären, dass mit einem Mal ein Rabe vor ihr sitzt und sie sich mit dem unterhalten kann.

»Also?«

Für den Raben wiederum scheint nichts ungewöhnlich zu sein. Vielleicht ein wenig ungeduldig wirkt er.

»Ich will dich also was fragen? Das muss wohl wichtig sein. Es erscheint mir ein erheblicher Aufwand, es so hinzubekommen, dass ich mit dir reden kann.«

Der Rabe zuckt mit der Schulter, oder aber er bewegt nur den einen Flügel, sodass es wie ein Schulterzucken aussieht.

Katharina beschließt, sich nicht zu wundern. Dafür ist später Zeit. Jetzt steht sie hier vor dem Raben und der wartet. Allerdings, wenn der Rabe ihr im Traum eine Geschichte erzählt, die für sie im Wachen echt klingt und die sie sich seither immer wieder selbst erzählt, und wenn sie sich mit einem angeknipsten Stubenlicht gegen die Angst schützen kann, warum also nicht hier an der Quelle stehen und mit dem Raben reden, als wäre er ein alter Bekannter? Also überlegt sie schnell, was wohl wichtig wäre.

»Warum schlagen die Krieger in der Geschichte das große, gute Gefühl aus und kehren lieber zurück zu den kleinen Zänkereien?«

Sie hat gefragt, ohne sich die Frage zurechtzulegen. Sie hört der eigenen Frage zu und ist zufrieden. Doch, das war wichtig. Die Nacht über hatte sie darüber lange nachgedacht, war sogar auf die Krieger böse geworden und darauf, dass sie handelten, wie sie handelten. Als hätte es etwas mit ihr zu tun, als ginge es sie etwas an. Der Rabe musste es wissen. Schließlich war es seine Geschichte. Also, eine gute Frage.

»Nun ja, die Gefahr der Kämpfe fürchten sie nicht, die kennen sie ja«, murmelt der Rabe. Kurz sieht er auf die Quelle, als denke er nach und richtet den Blick dann wieder auf Katharina.

»Also das willst du wissen?«

Sie ist verunsichert, überlegt, ob sie eine wichtige Frage vergessen oder übersehen hat, ob sie gerade alles falsch macht. Wie in einer Prüfung kommt sie sich vor. Und doch. Doch. Genau das will sie wissen.

Also nickt sie.

»Gut.«

Der Rabe nickt ebenfalls.

Die Unsicherheit bei Katharina bleibt. Sicher ist sie, genau die richtige Frage gestellt zu haben. Was sie irritiert, ist der Rabe.

Sehr zufrieden klingt das »Gut« des Raben. Der wiegt einige Male den Kopf, legt ihn dann schräg und sieht sie wieder an.

»Ich werd's dir hier nicht erklären können.«

Katharina runzelt die Stirn. Doch der Rabe spricht schnell weiter mit seiner knarrenden Stimme.

»Du wirst es herausfinden müssen. Wenn du willst. Du musst dafür nur unter der Hütte suchen.«

»Unter der Hütte?«

Katharina versteht nicht. Unter der Hütte ist der Berg, der Hang, Felsen vielleicht. Einen Keller hat die Hütte nicht.

»Ja, unter der Hütte. Es ist deine Entscheidung. Die Antwort liegt unter der Hütte. Ich werde dich nicht begleiten können, aber die Zeit ist günstig dafür.«

»Aber wie soll ich …?«

Schnell nickt der Rabe.

»Deine Frage ist die richtige. Alles andere weiß die Hütte.«

Damit legt er wieder den Kopf schräg, blickt sie an und dann passieren plötzlich mehrere Dinge gleichzeitig.

Katharina kommt nicht mehr dazu zu widersprechen oder zu fragen, denn mit einem Mal zieht ein Unwetter auf. Ein Gewitterkrachen, ohne dass sie einen Blitz bemerkt hätte. Vielleicht sind Blitz und Donner gleichzeitig hier aufgeschlagen. Erschrocken fährt sie zusammen und duckt sich. Es ist bleidunkel. Düster und drohend hängt der Himmel über dem Hang. Das milchige Weiß ist verschwunden, von einem Moment auf den anderen hat es sich zugezogen. Aus dem Nichts donnert der Sturm über den Hang und lässt die Fichten heulen und das Holz des nahen Hüttendaches krachen. Er peitscht Schnee und Eis in Böen auf, die Katharina die Sicht nehmen, die sie schwer treffen und umzuwerfen drohen. Schnee, Wind, Eis und lärmendes Dunkel. Nur wenige Augenblicke, und um sie herum ist nichts mehr zu erkennen. Das Gespräch mit dem Raben muss sie abgelenkt haben. So schnell kann kein Himmel zuziehen. Zum Überlegen bleibt keine Zeit. Sie legt den Unterarm vors Gesicht, um sich gegen den Wind zu schützen und atmen zu können. Lässt sich den Hang hinunterrutschen und kann weder ihre Fußspuren sehen noch die Hütte. Schnee schleudert ihr ins Gesicht, immer wieder heult der Sturm auf. Es tut weh, wenn sie eine der Schneeböen trifft. Sie bekommt am Grund des Hanges festen Boden unter den Stiefeln zu fassen und versucht, sich aufzurichten. Immer mit den Armen den Kopf schützend, immer wieder gegen die Böen. Sie sieht nicht, wo sie hin muss und hat unter den Böen und dem Geheul des Sturmes das Gefühl für irgendeine Richtung verloren und versucht, zumindest auf den Beinen zu bleiben. Es ist finster wie mitten in der Nacht, und eigentlich müsste sie das Licht in der Hütte sehen können, kann aber nichts erkennen. Wütend stemmt sie sich gegen den Sturm.

Mit einem Mal hat sie den Eindruck, der Rabe rufe, und fast kommen ihr die Tränen vor Wut. So weit kommt's noch, dass sie einem Raben durch den Schneesturm folgt. Wieder versucht sie, unter den Armen hindurchzublinzeln und das Licht im Fenster der Hütte zu erkennen. Sie macht dabei zwei Schritte und sieht nichts. Sie weiß nicht, ob sie sich in die richtige Richtung bewegt. Irgendwo hatte sie mal gelesen, dass Leute in Schneestürmen erfrieren, kurz vor den Eingängen ihrer Häuser, weil sie den Weg nicht mehr finden konnten. Wieder hört sie den Raben rufen. Und da sie ohnehin nicht weiß, was sie tun soll, denn alles kann völlig verkehrt sein, folgt sie ihm. Sie schiebt sich Schritt für Schritt durch den Sturm der krächzenden Stimme des Raben entgegen. Wird dabei einige Male fast umgeworfen und rappelt sich immer wieder auf. Bis sie von einer Böe einmal mehr zur Seite gedrückt wird, diesmal aber nicht fällt, sondern gegen eine stabile Holzwand gestoßen wird. Die Hütte.

Sie tastet sich an der Holzwand entlang, sieht aber immer noch kaum etwas. Der Sturm scheint eher zuzulegen, und die Dunkelheit bleibt bleiern und düster. Katharina tastet sich Schritt für Schritt weiter, spürt mit einem Mal, wie viel Kraft der Weg sie bis hierher gekostet hat und muss sich zwingen, nicht anzuhalten, sondern sich gegen Sturm und Dunkelheit zu wehren und ihre Hände weiter nach der Tür suchen zu lassen, die irgendwann auftauchen muss.

Und tatsächlich, einige wenige anstrengende Schritte weiter greift sie ins Leere. Ins Leere?

Sie hört zwar durch den Sturm kein Quietschen der Angeln, aber die Tür schlägt ihr plötzlich gegen den Unterarm. Da begreift sie.

Die Tür muss vom Sturm aufgedrückt worden sein. Schnell schiebt sie sich ins Innere der Hütte und lehnt sich gegen die Tür, die sie mit ihrem Körpergewicht gegen den Sturm zudrückt. Kaum ist die Tür geschlossen, ist der donnernde Krach nicht mehr ganz so ohrenbetäubend. Der Sturm draußen heult weiter, und sie verriegelt die Tür mit dem Querbalken, damit der Wind sie nicht wieder aufdrücken kann, und lässt sich zunächst auf den Boden rutschen. Dort sitzt sie, kommt zu Atem und zittert vor Anstrengung und Schreck.

Die Innenseiten der Handschuhe drückt sie gegen das Gesicht und wartet, bis das Brennen auf der Haut nachlässt. Als sie sich wieder nach oben schiebt, noch an die Tür gelehnt, zittern ihre Beine und Arme und sie steht unsicher im Flurgang der Hütte. Mit einer Hand stützt sie sich an der Wand ab, erschrickt immer wieder und fährt zusammen, wenn eine der Böen gegen die Hüttentür donnert. Der vorgelegte Querbalken hält sicher. Den Kanister hat sie bei der Quelle gelassen. Sie wird ihn suchen, wenn der Sturm sich gelegt hat. Ihn jetzt zu holen ist undenkbar. Während sie noch fürchtet, den Kanister verloren zu haben und nach einem solchen Sturm nicht wiederzufinden, fällt es ihr auf. Es ist dunkel im Flurgang, wie ja auch draußen. Kein Licht scheint unter der Stubentür nach draußen. Wie sie ja auch von außen kein Licht in den Fenstern hat sehen können. Sollte der Sturm die Stromleitungen beschädigt haben? Schnell geht sie in die Wohnstube, schließt die Tür hinter sich und knipst am Lichtschalter. Es bleibt dunkel. Entgeistert stöhnt sie auf. Auch das noch. Mehrmals noch versucht sie, den Lichtschalter zu betätigen, es bleibt dunkel, wie es ist. Kein frisches Wasser, kein Licht. Ihre Muskeln zittern, sie ist erschöpft vom kurzen Weg durch den Sturm da draußen, und es bleibt dunkel. Wütend knurrt sie. Jetzt kann sie die Tränen nicht zurückhalten. Einen Moment steht sie so in der dunklen Stube, bis ihr die Kerzen einfallen, die sie mitgebracht hat und die in einer der beiden Kisten liegen. Ein wenig erleichtert geht sie durch das Zimmer. Sie weiß, wo sie suchen muss, kramt nur kurz in der einen Kiste und zieht zwei der dicken Stumpenkerzen heraus, die sie anzündet. Das Zimmer wird flackernd beleuchtet, und sie fühlt sich sofort ein wenig wohler. Kalt ist es hier drinnen. Als wäre der Sturm nicht nur in den Vorraum, sondern auch hier in die Stube eingebrochen. Die Jacke zieht sie nicht aus, es ist zu kalt. Den Schal behält sie auch umgewickelt, und die Handschuhe, die sie zum Anzünden der Kerzen ausgezogen hatte, schiebt sie in die Jackentaschen.

Da fällt ihr das Herdfeuer ein. Sie kniet sich vor den Herd und öffnet die Klappe. Das Feuer ist fast heruntergebrannt, kaum noch Glut ist unter der dunklen Asche zu erkennen. Verwundert betrachtet sie das Häufchen Restglut. Hatte sie nicht eben noch zwei Scheite Holz aufgelegt? Sollte ein Sturm ein Herdfeuer durch den Schornstein auslöschen können?

Katharina hockt stirnrunzelnd vor dem Ofen und weiß es wirklich nicht. Viel zu wenig kennt sie sich mit Holzöfen aus. Sie beginnt sofort, die Glut wieder anzufachen und dünne Scheite aufzulegen. Feuer ist wichtig, wenn draußen solch ein Sturm tobt. Etwas Mühe haben die Glut und das Feuer, dann aber wird es im Wohnraum durch das Herdfeuer und die Kerzen etwas heller. Katharina verschnauft und sieht zufrieden in die jungen Flammen des wieder angefachten Feuers. Vorerst zufrieden. Bis ihr wieder der Sturm einfällt, die plötzliche Dunkelheit, der ausgefallene Strom, die eigenartige Stille zuvor. Der Rabe. Etwas stimmt nicht. Ganz und gar nicht.

Immer noch ist sie zitterig und muss sich auf den Knien abstützen, um sich vor dem Herd wieder aufzurichten. Dabei fällt ihr Blick nach unten auf die Dielen, und sie stockt mitten in der Bewegung. Kann sich auf halbem Weg nach oben mit den zitterigen Beinen gar nicht halten und macht einen Schritt zur Seite, um sich dann auf einen der Stühle fallen zu lassen. Immer noch den Blick auf die Dielen gerichtet. Da stimmt etwas überhaupt nicht. Direkt vor dem Herd, direkt unter ihrem Knie sieht sie eine in den Dielenboden eingelassene Klappe mit einem metallenen Griff, der auf dem Holz liegt, an beiden Enden mit kleinen Ösen befestigt ist und sich aufrichten lässt, will man die Klappe nach oben ziehen und öffnen. Wenn schon nicht die Klappe, diesen Griff hätte sie bemerken müssen. Bisher. Katharina starrt auf die Bodenklappe. Sicherlich war die dort bisher nicht. Ganz sicher. Die konnte sie nicht übersehen haben. Auch weiß sie seit jeher, die Hütte ist nicht unterkellert.

Katharina sitzt auf dem Stuhl, behält noch Jacke, Stiefel und den Schal an. Noch ist es kalt in der Hütte, die sich erst allmählich mit dem Herdfeuer wieder aufwärmt. Katharina sitzt und starrt mit gerunzelter Stirn auf die Bodenklappe. *Achte auf deine Träume.* Ein plötzlicher, gewaltiger Sturm, ausgefallener Strom, ein sprechender Rabe, das heruntergebrannte Herdfeuer und diese Klappe, die es eigentlich nicht geben konnte. Ein bisschen viele unmögliche Dinge. Und doch, die Antwort auf ihre Frage will sie wissen. Auch wenn sie sofort irritiert den Kopf schüttelt. Sie wird doch nicht ihre Frage an den Raben ernst nehmen, wenn doch völlig klar ist, dass sowohl Rabe als auch die Klappe vor ihr nicht existieren können. Dabei weiß sie, längst hat sie die Frage ernst genommen und längst hält sie die Klappe für echt, und glaubt, dass die Hütte alles andere weiß. Und dass sie unter der Hütte suchen muss. Also hat sie den Raben ernst genommen. *Achte auf deine Träume.* Ja, möglicherweise steckt sie in einem Traum? In einem erstaunlich realistischen, wie sie zugeben muss. Aber träumt sie hier in der Hütte nicht sowieso gänzlich anders, als sie das von sich bisher kennt?

Noch brennt ihr Gesicht vom Sturm und dem Eis und gerade friert sie. Es ist alles sehr viel echter, als sie das sonst aus Träumen gewohnt ist. Sie kann sich fühlen, als wäre alles echt. Sie fasst nach unten zu der Klappe und dem metallenen Griff, auch echt. Die Anstrengung eben, zurück in die Hütte zu kommen, war auch sehr echt. Wenn das ein Traum ist, dann ein sehr realistischer. Warum auch nicht? Dann ergäbe alles Sinn. Dass sie an der Quelle mit dem Rabe gesprochen hat. Dass sie dem Raben durch den Sturm gefolgt ist, der ihr tatsächlich den Weg zur Hütte zurück zeigen konnte. Wenn sie das alles für einen Traum und damit für möglich hält, dann kann sie auch dem glauben, was sie mit dem Raben besprochen hat. Sie hat keine Ahnung, wann der Traum angefangen haben könnte, wann sie wohl eingeschlafen ist. Aber wann war ihr das wohl jemals im Traum klar. Sie winkt ab und sieht wieder auf die Klappe vor sich und den sehr echten Metallgriff. Es gibt Wichtigeres, als sich zu überlegen, wo der Traum seinen Anfang genommen hat.

Wenn es ein Traum ist, und da ist sie sich ja nahezu sicher, dann kann sie aus ihm jederzeit aufwachen. Also darf sie keine Zeit mit unwichtigen Überlegungen verschwenden, sondern sie wird die Antwort auf ihre Frage, die sie dem Raben gestellt hat, unter der Hütte suchen.

Deine Entscheidung. Die Antwort liegt unter der Hütte und alles andere weiß die Hütte. Noch sehr deutlich hat sie seine kolkige Stimme im Ohr. Noch sitzt sie auf dem Stuhl, starrt auf die Klappe im Boden, die es offenbar seit eben gibt.

Deine Entscheidung.

Mit einem Ruck steht sie auf und geht die zwei Schritte zur Bodenklappe. Zunächst fährt sie erneut noch ungläubig mit dem Finger am Rand der Klappe die Rille im Holz ab. Alles echt. Dann greift sie nach dem metallenen Griff, der sich ganz echt und normal und kühl in ihrer Hand anfühlt und sich leicht in seinen Scharnieren bewegen lässt.

Also gut. Sie hat sich entschieden, wird neugierig auf diesen Traum, der sich so echt anfühlt. Also zieht sie am Griff die Bodenklappe auf. Die ist schwer, wie das von einer Bodenklappe zu erwarten ist, lässt sich aber gut öffnen. Vorsichtig zieht Katharina die Klappe ganz auf, muss umgreifen, um sie auf der anderen Seite auf dem Dielenboden abzulegen. Dann richtet sie sich wieder auf und steht vor der geöffneten Klappe und schaut in die Luke, die sich aufgetan hat. Sie sieht eine Steintreppe, die nach unten in ein Kellerdunkel führt. Genauso ist es zu erwarten, sieht man in eine geöffnete Bodenluke. Alles sieht echt aus und als wäre es dort schon immer gewesen.

Katharina blickt nach unten und schüttelt den Kopf.

Sie hat sich entschieden. Also beginnt sie jetzt, die Treppe hinunterzusteigen. Alles andere weiß die Hütte, und die Antwort liegt da unten, hat der Rabe gesagt. Also los.

Er könne nicht mitkommen, hat er auch gesagt. Und richtig, hat er sie auch eben noch durch den Sturm geführt, so ist er nun draußen geblieben. Hier drinnen ist sie allein.

Der Keller dort unten, den es ja eigentlich gar nicht geben kann, sieht dunkel aus. Natürlich. Wenn der Traum logisch ist, dann funktioniert auch dort unten kein Strom und kein Licht. Katharina geht die ersten Schritte wieder zurück nach oben, sieht sich kurz um, findet, was sie sucht, und holt sich die Taschenlampe, die auf dem Regal in der Nähe der Tür liegt. Schnell knipst sie die Lampe an, um zu überprüfen, ob zumindest die funktioniert. Alles in Ordnung, die Lampe tut, was sie soll. Erleichtert wiegt Katharina die Stablampe in der Hand und steigt nun wirklich hinab. Es ist eine Steintreppe mit ausgetretenen Stufen. Eben tatsächlich eine alte Kellertreppe.

Sie betrachtet suchend die aus grobem Stein gehauenen Wände und kann keinen Lichtschalter finden. Also hätte sie auch ohne den Stromausfall hier unten kein Licht gehabt. Nach einigen Stufen, die zwar ausgetreten, aber trocken sind, macht die Treppe einen Bogen nach rechts, sodass von oben nicht mehr zu sehen ist, wohin sie führt. Noch sind die Stufen vom flackernden Licht der Kerzen oben beleuchtet. Allerdings wirft Katharina selber einen Schatten, der durch das Flackern recht beweglich erscheint und es schwer macht, die Stufen zu erkennen. Also knipst sie die Taschenlampe an. Ein kühler Luftzug weht von unten die Treppe herauf. Gut, dass sie Jacke, Schal und feste Stiefel angelassen hat.

Nach der Kurve verschlechtert sich die Sicht deutlich, die Stufen werden zwar flacher, aber auch ausgetretener und glatter. Die Wände sind jetzt nicht mehr gemauert, sondern aus Felsstein. Es sieht aus, als sei der Gang in den Fels geschlagen worden. Mitsamt der Stufen, die jetzt auch feucht und rutschig werden. Ungewöhnlich lang ist der Gang für eine Kellertreppe. Langsam und konzentriert geht Katharina weiter und leuchtet mit der Taschenlampe den Bereich vor sich aus. Sie kann in dem Lichtkegel ganz gut sehen, aber außerhalb des Lichtkegels ist es umso dunkler. Umkehren kommt allerdings nicht infrage.

Sie hat sich entschieden. Sie geht vorsichtig weiter und wird nicht umkehren, bis sie herausgefunden hat, was es mit diesem Keller auf sich hat. Hier unten wäre die Antwort, und die Hütte weiß alles andere. So der Rabe. Da sie sich entschieden hat, ihm und diesem Traum zu glauben, bleibt ihr gar nichts anderes übrig als weiterzugehen.

Wieder eine Windung des Ganges, wieder eine nasse, glitschige Stelle am Boden. Vielleicht ist es auch das plötzlich auftauchende matte Licht vor ihr, was sie ablenkt. Katharina rutscht aus, prallt mit dem rechten Knie gegen den Fels und spürt einen stechenden Schmerz. Sie kann das Gleichgewicht nicht halten, schlittert auf dem nassen, glitschigen Untergrund nach vorn und fällt nach unten. Sie kann keinen Halt finden und landet wieder mit dem rechten Knie und der rechten Körperseite hart auf felsigem Untergrund. Hoch war der Felsabsatz nicht, es war ein kurzer Fall, aber der Aufprall nimmt ihr für einen Moment den Atem. Der Gang hatte sich offenbar in einen Raum geöffnet, was sie völlig übersehen hat. Mit einem Zischen zieht sie die Luft durch die Zähne und reibt sich das schmerzende rechte Knie. Dabei wendet sie sich um und blickt tatsächlich auf eine Felskante, etwa zwei Kopf höher als sie selber. Dort ist sie heruntergefallen. Als hätte der Kellergang sie ausgespuckt. Sie schätzt die Höhe der Wand unter der Kante. Mit den Fingerspitzen kann sie die Kante so eben erreichen. Um wirklich Halt zu finden und sich hochzuziehen, ist sie zu hoch. Das ist jetzt nicht zu ändern, also sieht sie sich um. Sie ist in einer Art felsigem Kessel gelandet. Ein mattes Licht schimmert, auch wenn eine Lichtquelle nicht zu erkennen ist. Glücklicherweise hat die Taschenlampe den Sturz unbeschadet überstanden. Die knipst sie jetzt aus, hier kann sie auch ohne den Taschenlampenlichtkegel ganz gut sehen. Der kesselförmige Raum hat einen Durchmesser von etwa drei Metern und ist tatsächlich fast rund. Auch die Decke ist nicht glatt, sondern bildet eine Art Kuppel. Die Höhe der Decke ist in dem Licht nicht gut einzuschätzen. Auf der gegenüberliegenden Seite kann sie einen Ausgang erkennen. Von dort kommt das milchige Licht, das den Raum spärlich erhellt. Ein eigenartiger Keller ist das. Sie sieht wieder zu der Kante, von der sie gefallen ist. Glatt führt die Felswand bis nach oben. Es gibt nichts, wo sie sich festhalten kann oder wo ihre Füße Halt finden. Sie wird etwas suchen müssen, auf das sie treten kann. Sonst wird die Kante nicht zu erreichen sein. Vorsichtig bewegt sie das rechte Bein, beugt das Knie, streckt es wieder. Es tut weh. Schon schwillt das Knie unter der Hose, aber es lässt sich bewegen. Gut so. Eine ernste Verletzung hier unten wäre das Letzte, was sie jetzt gebrauchen könnte. Vorsichtig steht sie auf, stöhnt leise und ahnt den Muskelkater, den sie morgen haben wird. Der Sturz hat sie hart auf der Seite aufkommen lassen, die Muskeln sind fest und schmerzhaft angespannt. Aber sie kann stehen und das rechte Bein trotz des angeschlagenen Knies belasten. Sie versucht ein paar Schritte. Auch das ist möglich, wenn es auch wehtut.

Dann sieht sie sich wieder in dem Raum um. Sucht nach etwas, was sich als Tritt eignen könnte, vielleicht eine Kiste, ein Regal. Nichts. Nur die kahle Wand und der Ausgang auf der anderen Seite, aus dem das milchige Licht schimmert.

Sie stutzt, kneift die Augen zusammen und blinzelt in das eigenartige Licht. Es ist nicht sonderlich hell, aber blendend. Da scheint etwas oder jemand zu stehen, genau in der Öffnung des Ausgangs. Katharina macht einen Schritt auf den Ausgang zu, verzieht das Gesicht bei dem stechenden Schmerz im Kniegelenk und erschrickt dann. Das, was da im Ausgang steht, bewegt sich. Sie kann in dem eigenartigen Licht seine Größe nicht abschätzen, aber das, was da ist, bewegt sich in kleinen Schritten auf sie zu. Als es aus der Öffnung des Ausgangs in die Kammer tritt, kann sie es erkennen. Katharina atmet hörbar aus. Es ist das Kaninchen. Ihr Kaninchen, das ihr damals im Keller gefolgt ist, und das immer dann auftaucht, wenn sie sich nicht entscheiden kann und nach den Regeln sucht, den richtigen. Dieses Kaninchen kommt auf sie zu, allerdings nicht hoppelnd, wie sie es von ihm gewöhnt ist, sondern es geht aufrecht. Klar, warum nicht auch das? Schließlich ist sie in einem Traum, und in einem Traum scheint alles möglich. Die junge Frau reibt sich die Augen, schaut auf das Kaninchen und freut sich wirklich, es zu sehen. Sie versteht allerdings nicht ganz, warum es ausgerechnet jetzt auftaucht.

»Was machst du denn hier? Ich hab mich doch entschieden.«

»Hast du.« Das Kaninchen nickt ernsthaft: »Aber darum bin ich nicht hier.«

Katharina sieht es mit hochgezogenen Augenbrauen an.

»Ich wundere mich jetzt nicht, dass ich dich verstehen kann?«

»Nö, lohnt nicht. Wir haben zu tun. Nur sind die Zeiten jetzt günstig, dass wir uns unterhalten können.«

»Das hab ich schon mal gehört«, murmelt Katharina. Ein sprechendes, aufrecht gehendes Kaninchen. Ihr Kaninchen. Das ist in der Tat ein Traum, auf den zu achten sich lohnt.

Gern würde sie sich jetzt setzen. Das Kaninchen hat, auch wenn es aufrecht geht, seine normale Tiergröße. Ihr zittern noch die Beine von der Anstrengung, vom Sturm und dem Sturz eben. Allerdings hat sie Sorge, dass das Aufstehen zu mühsam wird, wenn sie sich auf den Boden setzt. Also bleibt sie stehen und sieht auf das Kaninchen hinunter.

»Warum bist du hergekommen?«

»Der Rabe hat mich hergeschickt. Er meinte, hier unten würde ich sehen, warum die Krieger vor dem großartigen Gefühl, sie wären eins mit der Welt, davonlaufen und sich lieber weiterprügeln.«

Sie findet selbst, es klingt zu eigenartig. Aber sie erklärt es gerade ihrem sprechenden Kaninchen. Also eigenartiger geht es nicht. Immerhin hat sie sich auf diesen Traum eingelassen und ist losgezogen. Sie beschließt, sich über nichts mehr zu wundern.

»Nein, das meine ich nicht. Warum bist du hierher zur Hütte gekommen? Du könntest doch sehr bequem zu Hause auf deinem Sofa sitzen, oder? Du hättest dienstfrei.«

Die Frage trifft sie überraschend heftig. Sie fühlt sich ertappt. Das Kaninchen hat recht. Sie könnte sehr bequem zu Hause sitzen und nichts tun. Nicht ans Telefon gehen, nicht die Tür öffnen, so tun, als sei sie nicht da. Aber sie ist hier.

Jetzt setzt sie sich doch. Und zwar so, dass sie sich an der Wand anlehnen und die Beine nach vorn ausstrecken kann. Erstaunlich erholsam ist das. Das Kaninchen kommt die paar Schrittchen, die es dafür machen muss, mit und hockt sich neben Katharina. Die überlegt und beginnt dann zu erzählen. Vom Krankenhaus, vom Gefühl, ausgenutzt zu sein. Davon, dass sie sich immer und gern entscheiden will, damit die Dinge klar und geordnet sind. Das aber wird für sie gerade immer schwieriger, weil die Bedingungen für das, was sie tun muss, von ihr nicht zu beeinflussen sind. Damit sind ihre Entscheidungen auch nicht wirklich ihre eigenen. Sie erzählt davon, dass sie gehofft hatte, hier in der Stille des Berghanges zur Ruhe zu kommen und eben nicht immer wieder über das Ganze nachdenken zu müssen. Darüber, dass Irmelin und der Rabe sie wieder vor neue Rätsel gestellt haben. Und dass ihr so das Nichtnachdenken einfach nicht gelingen will. Dass sie sich mit Wein und Büchern helfen will, was auch nicht viel ändert. Das alles erzählt sie dem Kaninchen und denkt sich dann, dass das Kaninchen ja von all dem weiß. Es gehört zu ihr und weiß von ihr.

Das Kaninchen kräuselt die Nase, und Katharina muss schmunzeln. Das hatte es schon getan, als es noch das Haustier der Familie war.

»Du nimmst dir also vor, über etwas, das dich beschäftigt, nicht nachzudenken?«

»Ja, genau.« Katharina seufzt und nickt.

»Interessant.«

Nach einer Weile, die beiden schweigen und sehen vor sich auf den felsigen Boden der Kellerkammer, fragt das Kaninchen freundlich:

»Und? Hat es funktioniert?«

»Na, eben nicht. Auch wenn's gut gewesen wäre.«

»Du kannst nicht Nichtnachdenken. Das weißt du, oder?«

Katharina stutzt, überlegt und seufzt dann, den Blick jetzt leer auf das milchige Licht des Kammerausganges gerichtet.

»Du könntest recht haben.«

»Auch wenn Nachdenken natürlich manchmal genauso falsch ist wie Nichtnachdenken.«

»Wie das denn nun? Mich beschäftigt etwas, über das ich nicht nachdenken will, was aber nicht geht. Denke ich darüber nach, ist es auch falsch?«

Das Kaninchen nickt ernsthaft und ein wenig betrübt.

»Das scheint so zu sein. Dein Nachdenken macht das Problem nicht im Geringsten klarer oder einfacher. Eine Lösung scheint es ja nicht zu geben, oder?«

Katharina denkt nach und seufzt erneut.

»Du hast wieder recht.«

Sie fühlt sich erstaunlich wohl, hier mit dem Kaninchen. Sie merkt, sie kommt zur Ruhe, ihre Muskeln entspannen sich. Das erste Mal, seit sie losgefahren ist, hat sie das Gefühl, sie bekommt ihren Gedankenknäuel zu fassen. Nicht, dass sich etwas klärt, aber auch der Gedankenknäuel kommt zur Ruhe und lässt nicht immer wieder neue, lose Fadenenden erscheinen.

»Aber wie nun weiter?« Jetzt schaut sie zum Kaninchen, das immer noch geduldig neben ihrem Bein hockt.

»Hmm, das ist nicht so einfach. Oder vielleicht gerade einfach.« Wieder das Nasekräuseln. Katharina runzelt die Stirn, und das Kaninchen spricht weiter. »Möglicherweise musst du weder nachdenken noch nicht nachdenken. Ich kenn dich. Möglicherweise weißt du die Lösung längst, hast sie nur vergessen. Da hilft kein Nachdenken. Sie muss dir wieder einfallen.«

Ungläubig blickt Katharina das Kaninchen an.

»Ich weiß etwas, das ich nur vergessen habe? Und das wäre die Lösung? Und du weißt davon?«

Das Kaninchen hockt vor ihr, sieht sie an und sagt nichts.

»Verrätst du's mir?«

Jetzt schüttelt es den Kopf.

»So einfach ist es nicht. Du weißt, wo du hier bist?«

Pfeifend atmet Katharina aus und muss fast lachen.

»Wenn ich das mal wüsste. Die Hütte hat keinen Keller, und ich bin im Keller der Hütte, in den mich der Rabe geschickt hat. Doch halt, ich weiß. Ich bin in einem Traum, das ist schon mal sicher.«

Das Kaninchen lächelt und schüttelt ganz leicht und freundlich den Kopf.

»Ich sag mal so. Immerhin bist du hier. Bis hierher kommst du nur, wenn du dich erinnerst. Also mach einfach weiter.«

»Ich habe angefangen, mich zu erinnern, habe aber keine Ahnung, worum es geht? Das versteh ich nicht.«

»Das dachte ich mir. Ist aber nicht schlimm.«

Damit erhebt sich das Kaninchen. Will offenbar nichts weiter erklären und macht einige Schrittchen auf den Ausgang der Kellerkammer zu.

»Kommst du?«

Katharina schiebt sich an der Wand nach oben. Ihre Muskeln fühlen sich erstaunlich erholt an, allein das Knie tut noch weh. Das stört sie aber nicht sonderlich. Es stört sie eher, dass das Kaninchen wie Irmelin nichts weiter erklärt. Ob die beiden sich wohl kennen? Sie wirft noch einen Blick zurück auf den Felsabsatz, den sie heruntergefallen ist. Ruft dann dem Kaninchen nach, das eben im Licht des Ausgangs mit Trippelschritten verschwinden will.

»Ich brauch was, das sich als Tritt eignet. Sonst komm ich hier nicht wieder raus. Du kennst dich doch hier aus?«

»Wir werden sehn.«

Also folgt sie ihm und bewegt sich in das milchige Licht des Ausgangs, der hoch genug ist, dass sie, ohne sich zu bücken, hindurch kann.

Als wäre das milchige Licht ein Vorhang, den sie beiseiteschiebt, tritt sie durch die Öffnung der Kammerwand und steht in einem anderen Raum, der größer und höher und von seiner Form her eher oval und nicht ganz kreisrund ist. Die Deckenhöhe ist in dem Licht nicht gut auszumachen, das Gefühl für Entfernungen und Abstände scheint nicht mehr zu gelten. Die Quelle des milchigen Lichtes ist nicht zu erkennen, aber es lässt die Wände schimmern und damit unwirklich aussehen.

So als wären es Vorhänge oder Lichtspiele, die eine massive Wand nur vortäuschen. Sie streicht über die Oberfläche und fühlt kühlen Fels. Das Kaninchen hat hinter dem Eingang gewartet, und Katharina sieht sich staunend um. Einen Keller wie diesen hat sie allerdings noch nie gesehen. Noch denkt sie darüber nach, dass sich diese eigenartigen Wände, die ein Abschätzen der Entfernung tatsächlich fast unmöglich machen, wunderbar als Theaterkulisse eignen müssten, da lösen sich zwei Gestalten aus der Wand gegenüber. Wieder kneift Katharina die Augen zusammen und versucht, nichts zu übersehen und die beiden Gestalten klar zu erkennen. Auch das ist vor diesen Wänden nicht einfach. Die eine Gestalt ist deutlich kleiner als die andere. Genau genommen reicht die kleinere der größeren bestenfalls bis zur Hüfte. Die beiden kommen näher und stehen schon in der Mitte des Raumes. Dort gehen sie nicht weiter, sondern bleiben stehen und sehen sich um. Plötzlich entdecken sie sich gegenseitig. Eigenartig, dass sie bislang keine Notiz voneinander genommen haben. Jetzt starren sie sich finster an. Die Haltung der beiden wird drohender.

Der Bergriese und der Waldzwerg. Katharina erkennt sie und holt tief Luft. Sofort zischt das Kaninchen: »Nicht denken! Sieh zu!«

»Woher …?«

Schnell verschluckt sie den Rest ihrer Frage. Das Kaninchen gehört zu ihr und kennt wohl jeden ihrer Gedanken. Sie muss nicht fragen, woher es von den beiden weiß. Katharina und das Kaninchen gehören wohl zusammen. Nur stehen sie sonst nicht zusammen und reden miteinander, als wäre das Kaninchen echt. Dass das jetzt so ist, gehört in diesen Traum. Also kann sie es hinnehmen und auf das Kaninchen hören. Sie denkt nicht nach, sondern sieht zu.

Sie sieht zu den beiden Gestalten und sieht, wie sie sich anstarren, sich streiten, sich drohen und mit Fäusten aufeinander losgehen. Der große Bergriese mit seinen plumpen Bewegungen ist viel zu langsam, um den Zwerg zu erwischen. Täte er das, wäre der Streit wohl beendet, denn in seinen schweren Fäusten steckt mächtige Kraft. Der kleine Zwerg weicht dem Riesen geschickt aus, kann ihm mit den Hieben seiner kleinen Fäuste aber keinen ernstlichen Schaden zufügen. Das könnte komisch sein. Ist es aber nicht.

Die beiden in der Raummitte sind irgendwann erschöpft, der eine vom sinnlosen Zuschlagen, ohne zu treffen, der andere vom Ausweichen und vom Treffen, ohne Schaden anzurichten, und beide wohl vom eigenen Ärger. Für eine Weile lassen sie voneinander ab, holen Luft und drehen sich um, als hätte es den anderen ebenso wenig gegeben wie den Streit und die Wut. Als wären sie allein im Raum stapfen sie einige Schritte herum. Jeder mit sich selber beschäftigt. Bis sie sich mit einem Mal wieder einander zuwenden, als würden sie sich gerade erst entdecken, sich an den Streit erinnern. Sie drohen sich und gehen erneut aufeinander los.

Staunend sieht Katharina zu. Das war tatsächlich genau ihre Geschichte, die sie sich am Bach hatte einfallen lassen. Das Kaninchen räuspert sich. Katharina zuckt erschrocken zusammen und ermahnt sich. Nicht denken, sondern fühlen. Endlich gelingt es ihr, nicht über das, was sie in dieser eigenartigen Kellerhöhle sieht, nachzudenken. Sie schaut nur dabei zu, wie sich die beiden vor ihr schon wieder vergessen haben, sich eben wiederentdecken und wütend aufeinander stürzen. Solange die beiden kämpfen, fühlt sie die Luft fester und enger werden. Vergessen sie sich wieder und wenden sich voneinander ab, wird die Luft leichter. Bei jeder Runde des Streites erneut. Jetzt, als sie sich wieder aneinander erinnern, fühlt sie das als einen kleinen Schrecken, der schnell an Kraft zunimmt, der drängend die Luft enger werden lässt und sich Platz schaffen will. Er entlädt sich, sobald die beiden endlich aufeinander einprügeln. Es folgt die Erleichterung, wenn sie sich erneut vergessen. Das Wiedererkennen des anderen und wieder die Enge, als wäre etwas unvermeidlich. Etwas, das beide nicht ändern können, auf das sie nur reagieren können. Spannung, Schrecken, Enge, Streit, Entladung und Vergessen. Erkennen und wieder Erschrecken.

Ein Hin und Her in gleichmäßigem Rhythmus. Wie die Bewegung eines großen Pendels. Schlägt das Pendel am tiefsten Punkt durch, kann Katharina spüren und hören, wie sich die Kraft und die Spannung im Streit entladen. Schwingt das Pendel nach oben zu den Umschlagpunkten, fühlt sie das Vergessen, die Entspannung und die Entlastung. Immer und immer wieder kann sie das Durchschwingen des Pendels am tiefsten Punkt als ein sattes, volles Geräusch spüren und hören. Das Pendel auf dem Weg zu den oberen Umschlagpunkten klingt leiser. War Zeit ein Geräusch?

Mittlerweile, nachdem sie eine Weile hier steht und zuschaut und die Enge und den Streit und die Entspannung fühlt und das Pendel hören kann, weiß sie, was passiert. Und doch ist sie immer wieder erschrocken und fühlt Enge, Beklemmung und Angst, immer wieder aufs Neue. Wahrscheinlich wie auch die Talbewohner, die den Bergriesen und den Waldzwerg nicht kennen, wohl aber fühlen, und die in den Zeiten der Streitereien mürrisch werden und nicht mehr aus ihren Häusern treten. Wie die Talbewohner kann sich auch Katharina dem, was da vor ihr passiert, nicht entziehen. Auch wenn sie weiß, dass es ihre Geschichte ist, die sie sich ausgedacht hat. Die Enge, die Angst und die Bedrohung erschrecken sie immer wieder, bei jedem Schwingen des Pendels.

Die beiden da vor ihr bemerken sie nicht, bemerken nicht das Kaninchen, bewegen sich wie auf einer Bühne in ihrer eigenen Welt. Nichts um sie herum scheinen sie wahrzunehmen. Wenn auch deren Welt für Katharina deutlich zu spüren ist und sich sehr echt anfühlt.

Da fängt sie doch wieder an zu überlegen. Diesmal scheint das Kaninchen nichts dagegen zu haben, es sieht weiter nach vorn und kümmert sich nicht um Katharinas Nachdenken. Es ist ihre Geschichte. Die beiden Gestalten machen immer weiter, als könnten sie damit nicht aufhören. Irgendwas muss ihr einfallen, um die beiden zu versöhnen. Aber wie soll das gelingen, wenn die doch gar nicht bemerken, dass jemand sie versöhnen will?

Doch ihre Geschichte war am Bach noch nicht zu Ende erzählt. Als ihr das einfällt, sieht Katharina auf und sucht mit ihren Blicken die Wände des Raumes ab. Sie bemüht sich, sich nicht wieder von den zwei Streitenden einfangen zu lassen. Und richtig. Da schält sich eine weitere Gestalt aus dem milchigen Licht der Wand gegenüber. Es ist offenbar eine Frau. Die Alte aus den Nebeln? Erleichtert blinzelt Katharina gegen das Licht. Wirklich zu Ende gedacht hatte sie die Alte aus den Nebeln damals nicht. Als sie am Bach stand, war sie erschrocken, dass ihre Geschichte wahr werden könnte, allein weil sie sie dachte. Also denkt sie sie jetzt weiter. Sollte die Alte aus den Nebeln den Bergriesen und den Waldzwerg nicht versöhnen können? Die kennt sie seit jeher. Wer also wäre für diese Aufgabe besser geeignet? Die Frau auf der anderen Seite des Raumes ist immer deutlicher zu erkennen, so als schäle sie sich tatsächlich aus der Wand. In der Mitte geraten Riese und Zwerg gerade wieder aneinander. Katharina zieht den Kopf ein und will der Beklemmung, die sie deutlich fühlt, entgehen. Das gelingt ihr natürlich nicht. Ihre Geschichte hat sie wohl gefangen. Langsam macht sie sich auf den Weg zu der Frau auf der anderen Seite immer am Rand des Ovals entlang. Das Kaninchen folgt ihr. Durch die Mitte zu gehen, an den beiden Streitenden vorbei, erscheint ihr vollkommen undenkbar. Wieder nimmt die Enge zu, die Beklemmung, von der sie sich nicht befreien kann, auch wenn sie sich selbst die Geschichte ausgedacht hat. Mit der Beklemmung hat sie immer mehr das Gefühl, etwas tun zu sollen, ohne zu wissen, um was es sich genau handelt. Ohne die Bedingungen zu kennen. Aber es drängt. Die beiden in der Mitte schlagen aufeinander ein, der Riese schwerfällig, ohne zu treffen, und der Zwerg schnell und beweglich, ohne Schaden anzurichten. Das Krankenhaus. Katharina erkennt das Gefühl. Unwillig schüttelt sie den Kopf. Das Kaninchen folgt ihr auf dem Weg ums Oval, beachtet ihr Denken nicht. Weil sie dem Oval folgen, entfernen sie sich zwischenzeitlich etwas von der Alten, die immer noch dort steht, wo sie sich aus der Wand geschält hat. Sie kommen ihr aber irgendwann wieder näher. Katharina fällt es schwer, die Entfernungen hier abzuschätzen. Im Näherkommen kann sie die Frau dort drüben besser betrachten. Sie scheint schlank zu sein. Ganz sicher ist das nicht zu erkennen, denn sie trägt einen Umhang, der an ein Regencape erinnert. Ein graugrünes Regencape. Blinzelnd versucht Katharina, das Gesicht der Frau zu erkennen. Erleichtert schüttelt sie gerade die Beklemmung ab, die nicht ihre ist, der sie sich aber weiter nicht entziehen kann. Zwerg und Riese haben sich gerade vergessen, und sie kann durchatmen. Das Kaninchen scheint davon völlig unbeeindruckt. Vielleicht kann nur sie selbst ihre Geschichte spüren?

Immer näher kommen sie der Alten aus den Nebeln. Jetzt, als die in der Mitte sich vergessen haben, geht es leichter. Ein paar zügige Schritte und sie kommen ihr deutlich näher. Das Gesicht der Frau ist zu erkennen. Es ist das Gesicht einer alten Frau. Nicht freundlich, nicht unfreundlich. Anders als der Bergriese und der Waldzwerg hat sie Katharina und das Kaninchen bemerkt und blickt ihnen wartend entgegen. Mit jedem Schritt, den Katharina und das Kaninchen näher kommen, verändert sich das Licht ein wenig und scheint anders zu schimmern. Die Wände selber schimmern. Mit dem Licht verändern sich auch die Züge der Frau dort vorn. Katharina erkennt Irmelin. Dort im graugrünen Regencape steht tatsächlich Irmelin, sieht ihnen entgegen und wartet. Abrupt bleibt Katharina stehen. Was sollte Irmelin in ihrer Geschichte zu suchen haben? Das ist ihr überhaupt nicht recht. Die Bergbäuerin hat sich in ihre Geschichte geschoben. Ärgerlich geht sie weiter an der Wand entlang, als der Riese und der Zwerg in der Mitte gerade wieder anfangen, aufeinander einzuschlagen. Die Erleichterung lässt sie ausatmen, als die beiden sich wieder vergessen und voneinander ablassen. Katharina sieht nach vorn. Erstaunlich weit ist der Weg um das Oval. Das Gesicht der Alten verändert sich erneut. Ungläubig bleibt Katharina stehen und sieht jetzt in ein junges Gesicht. Kann sie sich so geirrt haben? Sie sieht ein junges Gesicht, sie sieht sich selbst, wie in einem Spiegel. Verblüfft bleibt sie stehen und sieht sich selbst. Sie selbst in ihrer Geschichte? Das ergibt irgendwie Sinn. Mehr Sinn als Irmelin. Aber sie selber als die Alte aus den Nebeln? Wie sollte denn sie wissen, wie die beiden Streitenden da in der Mitte des ovalen Raumes zu versöhnen seien? Wird sie doch selbst immer wieder erfasst von den anschwellenden und nachlassenden Wellen der Angst, der Enge und des mürrischen Ärgers. Während sie noch grübelt, stößt sie das Kaninchen grob und kräftig an. Schnell schüttelt sie den Kopf. Nicht denken. Sie geht weiter auf die Frau zu. Wieder das sich stetig ändernde Licht. Wieder sieht die dort vorn anders aus. Es war also doch eine Täuschung. Jetzt sieht sie nicht mehr Irmelin, nicht mehr sich selbst, sondern blickt in ein fremdes Gesicht, dessen Alter schwer zu schätzen ist. Immer noch steht sie und sieht ihnen entgegen. Sie hat ihre Haltung nicht verändert, nur eben ihr Gesicht. Wie auch immer das vor sich geht. Sie sieht sie an, nicht freundlich, nicht unfreundlich. Abwartend. Katharina erreicht sie schließlich und bleibt vor ihr stehen und schaut sie neugierig und fragend an.

»Du bist die Alte aus den Nebeln?«

Die Frau lächelt mit einem leichten Zucken der Mundwinkel und nickt.

»Wer sonst?«

Aufgeregt atmet Katharina durch, fühlt wieder die Entlastung, als die beiden in der Mitte voneinander ablassen.

Es ist ganz genau ihre Geschichte. Die Geschichte, die sie sich am Bach ausgedacht hatte. Die sie nicht zu Ende gedacht hatte, aus Sorge, sie würde wahr werden und sich auf den Weg machen.

Sie zeigt mit einer Kopfbewegung zu dem Bergriesen und dem Waldzwerg.

»Du bist die, die sie versöhnen wird?«

Da lacht die Frau vor ihr, und ihr Gesicht sieht sehr jung aus.

»Nein, die bin ich sicher nicht. Versöhnen wird die niemand. Die werden immer so weitermachen. Die können nicht anders.«

Und wohl, weil Katharina sie erschrocken und enttäuscht ansieht, fügt sie hinzu: »Verstehst du?«

Nein, das versteht sie nicht. Sie schüttelt den Kopf. Es ist ihre, Katharinas Geschichte. Sie hat sich die Alte aus den Nebeln ausgedacht, um den Streit der beiden dort in der Mitte zu versöhnen. Warum soll die also nicht tun können, wofür sie ausgedacht ist?

Offenbar kann die Frau im graugrünen Regencape ihre Gedanken hören, sie schmunzelt.

»Weil's so einfach nicht ist, mit dem Ausdenken.«

Während ihr Blick rasch zu den beiden Streitenden dort in der Mitte wandert und dann wieder zu Katharina, denkt sie kurz nach.

»Du denkst uns aus. Anschließend stehen wir in der Welt und dann, ja dann liegt es an uns, was wir tun.«

»Aber …«

Katharina will widersprechen. Es ist ihre Geschichte. Sie hat sie sich ausgedacht, mitsamt den Figuren.

»Du meinst also, du denkst mich aus, stellst mich irgendwohin in deine Geschichte, und ich soll tun, was du dir dachtest? Ohne dass ich selbst entscheiden könnte? Ohne dass ich auf mich hören darf?«

Sie schmunzelt.

»Klingt nicht klug, oder? Und kommt dir bekannt vor?«

Der Trotz, der gerade aufkommt, verfliegt sofort, und Katharina wird rot. Sie hofft, dass die andere das nicht sieht. Allerdings kommt ihr das sehr bekannt vor.

Stimmt, es ist ihre Geschichte, sie hat sie sich ausgedacht. Aber offenbar nicht bis zu Ende. Vor zwei Tagen am Bach hatte sie nicht weitergedacht aus Angst, sie denke etwas, das dann real werden könnte. Jetzt aber scheint es, als hätte sie es, auch wenn sie sich getraut hätte, gar nicht zu Ende denken können. Wenn die Geschichte echt war, weil sie sie sich dachte, dann bekamen alle Handelnden in der Geschichte natürlich ein Leben. Mit allem, was dazugehört. Mit eigenem Willen, mit eigenen Entscheidungen.

»Du kannst also nichts tun? Die Streitereien der beiden jagen den Talmenschen eine Heidenangst ein. Und die wissen nicht mal, wovor sie sich fürchten und warum sie so unausstehlich werden und nicht mehr aus ihren Häusern gehen.«

Immerhin versuchen muss sie es.

»Doch, doch. Tun kann ich schon was. Nur eben versöhnen kann ich die dort nicht.«

Die Alte, die so alterslos aussieht, schaut Katharina einen Moment an, sieht wohl ihre Verwirrung und nimmt dann ihre Hand.

»Ich zeig's dir.«

Gerade hatte die Enge wieder zugenommen. Katharina muss nicht zur Mitte sehen, um zu wissen, dass die beiden wieder aufeinander losgehen. Da nimmt die Alte ihre Hand und alles fühlt sich anders an. Von der Enge ist nichts mehr zu spüren. Erstaunlicherweise. Auch wenn Bergriese und Waldzwerg sich gerade wieder auf diese befremdliche Weise bekämpfen. Der eine schlägt schwerfällig zu, ohne zu treffen, der andere trifft, ohne seinem Gegner wehzutun. Während die Alte ihre Hand hält, spürt Katharina nichts von der Enge und dem Druck, der bisher mit den Kämpfen der beiden zusammenhing. Überhaupt scheint die Alte bislang recht unbeeindruckt von dem Wechsel aus Enge und Erleichterung zu sein. Zumindest war ihr nichts davon anzumerken, während Katharina und das Kaninchen das Oval umrundeten.

»Du hast sie so erdacht, dass sie sich immer weiterstreiten. Daran ist nichts zu ändern.«

Überrascht sieht Katharina zu der Frau, die ihre Hand immer noch hält. Es scheint, als spräche nicht die Frau neben ihr, sondern sie höre deren Stimme direkt in ihrem Kopf. Als teilten sie ein Denken. Erstaunt hört Katharina die andere in sich selbst und blinzelt dann wieder in den Raum vor sich.

»Siehst du's?«

Auch wenn sie konzentrierter nach vorn blinzelt und ihr Blick den Raum abtastet, kann sie nicht gleich erkennen, was die Stimme in ihrem Kopf meint. Vor ihr starren sich Bergriese und Waldzwerg drohend an. Sie fühlt das Pendel seinen tiefsten Punkt erreichen und die beiden gehen aufeinander los. Fühlt das aber nicht als Enge, sondern hört und fühlt es wie etwas, was sich tatsächlich durch den Raum bewegt. Tatsächlich wie ein schwingendes Pendel. Sie selbst und die Alte aus den Nebeln stehen am Rand, außerhalb der Reichweite des Pendels. Als es sich nähert – bald werden die beiden in der Mitte wieder voneinander ablassen – weichen die beiden Frauen dem Pendel aus. Katharina duckt sich ein wenig, und die andere lacht leise.

»Nicht ducken, das ist nicht nötig. Dein Fühlen muss ihm ausweichen.«

Erst stutzt Katharina und weiß nicht, was sie tun soll. Aber als das Pendel wieder auf sie zukommt, da weiß es ihr Fühlen. Als würde es sich vom Pendel abwenden, keine Notiz von ihm nehmen, nicht vom Pendel, nicht von der Enge. Es funktioniert, die Enge erreicht Katharina nicht mehr. Verblüfft steht sie da und sieht auf das Pendel. Die andere lässt ihre Hand los, lächelt.

»Verstanden?«

Die Stimme der anderen klingt nicht mehr in ihrem Kopf, in ihrem Denken, sie hört sie wieder neben sich sprechen, so wie es sich gehört. Dort vorn haben sich Zwerg und Riese gerade voneinander abgewendet und einander vergessen, um sich bald wieder zu entdecken. Alles geht von vorn los. Das Drohen, der Streit. Wieder beginnt die Enge, sich um sie zu legen. Da probiert sie es. Denkt nicht nach, sieht nicht nach der Frau neben ihr. Will nur fühlen und wendet sich im Fühlen ab vom Streit der beiden vor ihr. Die Enge lässt sie wieder los. Es funktioniert tatsächlich. Auch ohne Hilfe. Mit einem zufriedenen Grinsen sieht sie zu den beiden in der Mitte. Sie ist ihnen tatsächlich nicht mehr ausgeliefert, ihrem Streit, der Enge. Sollen sie doch wieder aufeinander losgehen, es wird sie nicht mehr stören. Gerade haben Zwerg und Riese sich wieder vergessen und trotten durch den Raum, als sie sich aufs Neue entdecken. Da bemerkt Katharina wieder das Ziehen und sieht erschrocken, wie die beiden sich drohen. Wie vorhin fühlt sie die Enge, die Angst, den Streit. Nichts ist anders. Enttäuscht sieht sie schnell zu der Frau neben sich. Die nimmt erneut ihre Hand, und schon wird sie wie in einen anderen Raum gezogen. Die Enge lässt nach, wieder hört sie die andere in ihrem Kopf.

»Wenn du dich zu ihnen hinwendest und ihnen Aufmerksamkeit schenkst, machst du es ihnen leicht. Und dann haben sie dich wieder.« Sie lacht glucksend: »Deine Entscheidung.«

Katharina wird rot. Versteht es vielleicht und entzieht ihre Hand wieder der anderen. Jetzt hört sie sie nicht mehr in ihrem Kopf und sieht in die Mitte zu den beiden Streitenden. Sie merkt, sie kann sie beobachten, ohne jedoch ihre Aufmerksamkeit bei ihnen zu lassen und ohne nach der Enge zu suchen. Und so gelingt es. Als das Pendel wieder auf sie zukommt, lässt sie ihr Fühlen ihm ausweichen, so wie die Alte aus den Nebeln es ihr eben gezeigt hat. Sie kann die beiden Streitenden im Auge behalten, schenkt ihnen aber kein neugieriges Interesse. Als habe sie tatsächlich körperlich eine Ausweichbewegung gemacht. Das Pendel berührt sie nicht. Mit einem zufriedenen Lächeln wartet Katharina, bis Zwerg und Riese sich nach dem Vergessen wieder entdecken, erneut aufeinander losgehen und beobachtet sie. Ihre Aufmerksamkeit allerdings und ihr Fühlen gibt den beiden kein Gewicht mehr. Das Ausweichen gelingt mühelos.

Zufrieden strahlt sie die Frau neben sich und das Kaninchen an.

»Hab's kapiert!«

Die andere lächelt.

»Scheint so. Gut! Merk's dir.«

Katharina nickt. Doch, sie kennt es gut. Vor etwas zu stehen und es nicht zu wollen und ihm ausgeliefert zu sein. Als ziehe sie es mit dem Nichtwollen an. Aber das vor ihr zu beobachten, nicht wegzusehen und dabei ihre Aufmerksamkeit so ausweichen zu lassen, dass sie eben nicht ausgeliefert ist, das ist neu.

Ihr Fühlen muss sich später unbedingt daran erinnern. Neu ist noch etwas. Ihr Unbehagen beim Ansehen des Krankenhausgedankenknäuels ist gerade nicht zu finden. Nicht einmal dann, wenn sie es sucht. Wie eben das Pendel und die Streitenden in der Mitte des ovalen Raumes. Sie kann es ansehen, aber die Enge bleibt aus.

Schnell wendet sich Katharina zum Kaninchen um, was geduldig hinter ihr hockt, und strahlt es an. Das Kaninchen muss fühlen, was sie fühlt. Es lächelt sie mit diesem Naserümpfen an, was sie so gut kennt, und richtet sich gerade wieder auf. Offenbar fertig zum Weitergehen.

Da fällt Katharina die ganze missliche Situation wieder ein. Der Keller, den es nicht geben dürfte, ihr Sturz von der Kante. Sie wendet sich wieder an die Alte aus den Nebeln.

»Du hast nicht vielleicht etwas hier, das sich als Tritt eignet?«

Die zieht eine Augenbraue hoch und sieht sie fragend an.

»Na ja, ich brauche etwas, um an die Felsstufe im Raum, der sich vor dem hier befindet, zu kommen. Sonst kann ich nicht wieder zurück.«

»Zurück geht nicht. Ich dachte, du hättest es kapiert?«

Ein schneller fragender Blick zum Kaninchen. Hatte sie irgendwas nicht mitbekommen? Offenbar.

»Und nein. Ich hab hier nichts. Hier ist nichts als das, was du siehst.«

»Zurück geht nicht?« Katharina atmet tief aus. »Das versteh ich nicht. Ich muss doch aber hier wieder raus?«

»Na sicher.«

»Die Hüttentür ist von innen verriegelt. Niemand wird mich hier suchen.« Erschrecken macht sich breit, fasst nach Katharinas Denken, nach dem Fühlen im Bauch. Ihr wird klar, sie muss den Ausgang finden, es wird niemand von außen zu Hilfe kommen. Überhaupt nicht gut fühlt sich das an. Wie vor ein paar Tagen die Angst beim Holzholen. Ihre Atmung wird schneller, der Herzschlag auch. Da fällt ihr die Lösung ein.

»Aber wir sind hier in einem Traum? Oder? In meinem Traum. Ich kann tun, was ich will, es ist mein Traum?«

»Ein Traum?« Die Alte aus den Nebeln ignoriert die aufsteigende Angst der jungen Frau und lächelt wieder freundlich. Als erkläre sie etwas sehr Offensichtliches. Auch die Frage nach dem Traum ignoriert sie.

»Du bist hergekommen, um über etwas, das dich beschäftigt, nicht nachzudenken. Du bist gekommen, damit sich was ändert. Richtig?«

Katharina nickt. Die Angst verhält sich still, lauert. Ihr erstes Erschrecken darüber, dass die Alte aus den Nebeln nichts von einem Traum weiß, legt sich. Natürlich weiß sie nichts, sie gehört ja zu ihm. Für sie ist der Traum echt.

»Du kannst nichts ändern und dann wieder zurückgehen. Nicht hier. Änderst du hier etwas, ist der Weg zurück auch verändert. Besser gesagt: Es gibt den Weg, den du gekommen bist, nicht mehr. Den wirst du also nicht nehmen können.«

Stirnrunzelnd hört Katharina zu, schaut quer durch das Oval auf den Durchgang, durch den sie gekommen sind. Alles sieht aus wie zuvor, und nur ganz langsam tropft, was die neben ihr gesagt hat, in ihr Verstehen. Wo immer sie hier auch ist, sie wird den Weg nicht zurückgehen können. Es ist völlig egal, ob sie einen Tritt oder eine Leiter findet, oder nicht. Es scheint ein Keller zu sein, in dem sie nur weitergehen kann, nicht zurück. Es bleibt nur der Weg, der vor ihr liegt, durch den Ausgang hinter der Alten aus dem Nebel.

»Dann ist die Hütte gar nicht hinter mir?« Der Gedanke verwirrt sie, sobald sie ihn ausgesprochen hat.

»Die Hütte ist draußen.«

Freundlich lächelt die alterslose Alte in ihrem graugrünen Cape und sieht sie abwartend an, während Katharina dasteht und nicht weiterweiß.

»Du kannst bleiben, solange du willst. Aber warum etwas ändern, wenn du dich dann entschließt hierzubleiben? Deine Frage ist für draußen gemacht.«

Hierbleiben wäre eine Option? Verblüfft denkt Katharina darüber nach. Wo ist sie hier? Und welche Veränderungen? Das Ausweichen ihrer Aufmerksamkeit, das sich ihr Fühlen unbedingt merken soll?

»Wir sollten weiter.« Flüsternd zupft das Kaninchen an ihr.

Katharina nickt, bleibt aber stehen. Sie würde lieber nachdenken. Es ist, als hätte ein Teil von ihr verstanden, ein anderer wäre noch ratlos.

»Lass dir Zeit. Der Anfang ist gemacht.« Jetzt hört Katharina die Stimme der Alten aus dem Nebel neben sich und zugleich in ihrem Kopf. Die Alte wendet sich ab und schaut wieder in die Mitte des Ovals.

Katharina spürt ganz deutlich, dass es Zeit ist zu gehen. Ganz sicher ist sich das Kaninchen, das schon fast am Ausgang aus dem ovalen Raum steht und ihr mit einer Kopfbewegung zuwinkt.

Als Katharina endlich neben dem Kaninchen im Durchgang steht, tief Luft holt und mehrmals zu einer Frage ansetzt, winkt das Kaninchen ab.

»Nicht jetzt. Wir haben zu tun.«

Verdattert nickt die Frau und murrt dann.

Sie schüttelt den Kopf und will fragen, ob sie alles wieder vergessen haben wird, wenn sie aufwacht. Wo immer sie hier ist, es ist ein Traum. Das scheint ihr sicher. Wird sie alles ins Wachsein mitnehmen können und wird ihr das Ausweichen auch zu Hause gelingen? Und wer die Alte aus dem Nebel eigentlich ist und was die Hütte, die einen Keller hat, ohne dass sie unterkellert zu sein scheint? Einen Keller, in dem sich Dinge verändern. Das alles will sie fragen und sagt dann:

»Der Rabe hat gesagt, die Hütte würde mir zeigen, warum die Kämpfer dieses ausgesprochen gute Gefühl ausgeschlagen und sich lieber weitergeprügelt haben.«

Mitten im Durchgang steht sie und sieht auf das Kaninchen, das ebenfalls stehen geblieben ist. Sie stehen in einem aus grobem Feldstein gemauerten Gang. Nicht mehr in den Fels gehauen, wie der Gang vor dem letzten Raum, sondern tatsächlich gemauert. Das milchige Licht ist in dem gerade durchquerten Raum geblieben. Vor ihnen liegt dieser Gang in einem grauen Kellerdunkel. Es ist kühl hier wie in einem tatsächlichen Kellergang, die Luft riecht feucht. Ein leichter Luftzug weht ihnen von vorn entgegen. Sie ist froh, vorhin beim Heruntersteigen die Jacke und die schweren Stiefel anbehalten zu haben. Wie lange sie schon hier unten ist, kann sie nicht wirklich sagen. Wohin mit ihren Fragen, das weiß sie auch nicht. Das Kaninchen rümpft die Nase. Die Bewegung, die Katharina von ihm kennt. Es sagt nichts, dreht sich aber nach vorn und deutet in den Gang.

»Also gut. Zurück können wir ja ohnehin nicht. Das habe ich verstanden. Also weiter.«

Auch sie sieht jetzt wieder nach vorn und geht weiter. Es gibt keinen Grund zur Eile. Ein Zeitgefühl hat sie hier unten ohnehin nicht. Eine Uhr hat sie nicht bei sich, das Handy liegt oben in der Hütte in ihrer Reisetasche. Auch sticht bei jedem Schritt ihr rechtes Knie, was sich deutlich geschwollen anfühlt. Das ist nicht schlimm, aber eben auch ein Grund, sich nicht zu beeilen. Es riecht feucht hier in dem Gang, aber der Boden ist trocken und sie hat einen guten Tritt beim Gehen. Je weiter sie im Gang vorwärts kommt, umso dunkler wird es. Dieses milchige Licht war wohl tatsächlich allein in dem ovalen Raum hinter ihnen. Nur ihre Schritte sind zu hören. Nur das Tappen ihrer schweren Wanderstiefel und das Trippeln der Kaninchenfüße.

Mit einem Mal ist es tatsächlich so dunkel geworden, dass nicht mehr genau zu sehen ist, wohin sie treten, und sie gehen langsamer und vorsichtiger. Katharina hat das Gefühl, sie seien aus dem Gang hinausgetreten und ein weiter Raum würde sich vor ihnen öffnen. Sehen kann sie das nicht, es ist mittlerweile zu dunkel. Der Luftzug von vorn ist nicht mehr zu spüren. Die letzten Schritte hallen anders als eben noch. Es bleibt dunkel.

Auch wenn Katharina stehen bleibt und wartet, ob sich ihre Augen an das Dunkel gewöhnen, kann sie weiter nichts erkennen. Sie hat aber das Gefühl, in einer neuen Kammer zu sein.

Um die Wand zu ertasten und sich daran entlang durch die vermutete Kammer führen zu lassen, macht Katharina einen Schritt zurück und fasst mit der Hand nach hinten. Aber sie greift ins Leere, wie auch ihr Schritt ins Leere trifft.

Ein überraschter, erschrockener Schrei und sie fällt. Schon wieder. Ihre Füße finden keinen Halt, sie verliert das Gleichgewicht, rudert mit den Armen, kann nichts finden, an dem sie sich festhalten kann. Auch die Füße treten immer wieder ins Leere. Nach dem ersten Schreck, der ihr längst in den Bauch gefahren ist und sie erst jetzt wieder atmen lässt, merkt sie, es fühlt sich nicht an wie eine Abwärtsbewegung. Nein, sie fällt nicht.

Was das jetzt wieder ist? Ein wirklich eigenartiger Traum. Der verdient es tatsächlich, beachtet zu werden. Wieder fühlt sich alles sehr echt an. Zwar eigenartig, aber sehr echt.

Sehr seltsam fühlt sich das an, aber sie spürt sich nicht schwer nach unten fallen, wie sie es eigentlich erwarten würde, eher hängt sie einfach in der Luft.

Nachdem der erste Schreck nachgelassen hat und sie wieder atmen kann, versucht sie sich zu orientieren. Das Kaninchen?

»Bist du da?«

Keine Antwort. Es ist weder zu sehen noch zu hören. Zu sehen sowieso nicht. Es ist zu dunkel. Erst ist Katharina beunruhigt, dann denkt sie sich, es ist wie immer. Das Kaninchen taucht ja sonst auch nicht jederzeit neben ihr auf, nur wenn sie es wirklich braucht. Offenbar braucht sie es jetzt nicht mehr.

Es ist so dunkel, dass es egal ist, ob sie die Augen öffnet oder schließt. Das Dunkel zu sehen macht ihr Angst. So dunkel ist es, als käme dahinter nichts mehr, als wäre darin nie etwas gewesen. Würde sie die Taschenlampe anknipsen, würde sie wohl in ein weites, tiefes, unendliches Nichts blicken. Davor fürchtet sie sich. Also schaltet sie die Taschenlampe nicht an und schließt die Augen. Damit sieht sie nicht nur die Dunkelheit nicht, sie kann, nicht abgelenkt, sich auch besser spüren. Nirgends ist sie bisher aufgeschlagen oder dagegengestoßen. Fallen fühlt sie sich nicht. So lange zu fallen, ohne es wirklich zu spüren, kann sie sich nicht vorstellen. Eher ist es, als würde sie schweben, schwerelos. So fühlt es sich an. Arme und Beine kann sie bewegen. Nur führt das nicht dazu, dass sie sich besser orientieren könnte. Nein, bewegt sie die Arme oder Beine oder sogar nur den Kopf, macht ihr Körper in irgendeine Richtung die Bewegung mit. Das Gefühl für oben und unten oder für ihre Stellung im Raum ist ihr vollkommen abhandengekommen. Da aber jeder Versuch, ihre Haltung zu fühlen, indem sie sich bewegt, nur zu Schwindel und leichter Übelkeit führt, lässt sie es für den Moment sein und schwebt ruhig in diesem Dunkel. Es fühlt sich echt an, sehr echt.

Wenn sie morgens vom Weckerklingeln geweckt wird, den Ton wegdrückt und weiß, der Wecker wird in genau acht Minuten erneut klingeln, dann, als warteten ihre Muskeln nur auf dieses Signal, dann entspannt sie sich völlig und wartet wohlig in ihren Kissen ab, bis sie tatsächlich aufwachen muss und sich bewegen wird. Als würde sie unter ihren Decken und im Halbschlaf auf irgendetwas schweben. Manchmal benutzt sie das, wenn sie nicht einschlafen kann. Höchst selten ist das, nur manchmal in den Nächten im Krankenhaus, wenn wenig Zeit und schnelles Einschlafen so wichtig ist. Dann stellt sie sich den Wecker vor, das Wegdrücken des Tones, das Wissen um noch weitere acht Minuten, und sofort setzt diese tiefe Entspannung ein. Sie schwebt dann zwischen ihren Decken im Bett, zwischen Wachwerden und Weiterschlafen, und sie kann sich für das Einschlafen entscheiden.

Jetzt, als sie nach dem ersten Schrecken wieder ruhig atmet und lieber die Augen geschlossen lässt, denn die Dunkelheit um sie ist echt, das schwebende Gefühl ist echt, jetzt also setzt diese tiefe Muskelentspannung ein, die sie nach dem ersten Klingeln des Weckers am Morgen kennt. Natürlich darf sie sich nicht bewegen. Jede Bewegung würde diese Entspannung unterbrechen. Ohnehin ist jede Bewegung unangenehm, da ihr die Orientierung im Raum fehlt. Bewegt sie sich nicht, ist es gar nicht schlimm, keine Orientierung im Raum zu haben. Wohl, weil ihr Körper dann offenbar nicht nach außen sucht, sondern nach innen hört. Diese Entdeckung erstaunt sie.

Es erstaunt sie auch, dass sie nach dem allerersten Schreck jetzt überhaupt keine Angst mehr hat. Solange sie nicht in das Dunkel sehen muss, hält sie weiter die Augen geschlossen. Solange sie das Dunkel fühlt, samtig und tief – es riecht nach Waldwiese, nach Zu-Hause-Sein und In-Ruhe-gelassen-Werden – solange macht es ihr überhaupt keine Angst.

Weder das Schweben macht ihr Angst noch der fehlende Boden unter ihr, noch das fehlende Gefühl für irgendeinen Boden oder irgendeine Richtung. Wohlig schwebt sie, wo auch immer. Sie ist schwer wie ihre Muskeln, und sie fühlt sich wohl. Sehr echt und sehr wohl. Viel zu angenehm ist das Schweben, als dass sie nachdenken will. Als wäre auch ihr Denken etwas, das irgendwo schweben könnte, aber nicht zu ihr gehört. Die wohlige Schwere ihrer Muskeln ist eine Welt für sich, in der zu sein vollkommen genügt. Wenn nur diese Welt ihrer herrlich schweren Muskeln ihr gehört, ist alles außen unwichtig. Nein, stimmt nicht ganz. Alles andere um sie herum ist nicht unwichtig geworden, sondern es ordnet sich wie von selbst. Sie muss nichts tun. Alles hat diese Schwere bekommen und schwebt. Es ist genauso schwer und dunkel und samtig wie sie, wie ihre Muskeln, wie ihr Nichtbewegen. Alles hat das gleiche Gewicht wie sie gerade und das gleiche Nichtgewicht, immerhin schwebt sie. Nichts ist wichtig oder unwichtig, alles ist eben nur gleich schwer. Egal, was zuerst zu fühlen ist oder am angenehmsten, wenn doch alles das Gleiche ist. Es gibt kein Angenehm oder Zuerst mehr, alles ist schwer. Nichts ist wichtig, nichts ist vergessen, muss erinnert werden, alles ist schwer. Katharina sucht kein Maß, sucht keinen Gedanken, sie fällt in das wohlige, samtige Dunkel, was kein Dunkel ist, sondern die Farbe des Gleichen. Sie selber ist immer mehr wie alles um sie herum. Sie schwebt, es gibt nichts zwischen ihr und dem um sie herum. Sie ist das Dunkel, das Gleiche ist sie auch, das Flüssigluftigschwere ist sie genauso. Das Dunkle ist das, aus dem alles ist. Es ist der Ort, wo kein Name ist, wo keine Form, nicht auch nur eine Idee ist, sonst könnte nichts entstehen. Es ist der Ort, wo auch die Zeit keinen Namen hat, vielleicht dort geboren wird. Dort, wo noch nichts ist und wo deshalb alles möglich ist und alles entstehen kann.

Wie eine, die lange unter Wasser die Luft angehalten hat, erschrickt Katharina plötzlich, will Arme und Beine bewegen, mit dem Kopf durch die Wasseroberfläche stoßen und tief den Atem einziehen. Sie will die Grenze zwischen sich und dem Außen nicht verlieren. Im samtigen Dunkel aufzugehen, sich selber nicht zu fühlen, das macht ihr Angst. So sehr, dass sie jetzt strampelt und in der Schwärze Halt sucht. Sie weiß nicht, ob sie vorwärts kommt, wo überhaupt eine

Richtung wäre, in die sie sich bewegen will. Sie will zurück auf festen Boden.

Du kannst nicht zurück, fällt ihr ein. Schnelle Bewegungen bringen gar nichts, merkt sie, machen sie nur aufgeregter, lassen ihr Herz zu schnell schlagen. Es ist ein Traum. Wäre sie unter Wasser, so fühlt es sich am ehesten an, obwohl das nicht stimmt, was würde sie dort tun? Sie probiert langsame, schlängelnde Bewegungen, wie beim Schwimmen oder Tauchen. Da sie ohnehin nicht zurück kann, ist es auch vollkommen egal, in welche Richtung sie sich bewegt. Sie sucht keinen Rückweg, sie will weiter. Schnell braucht sie etwas, um sich wieder zu spüren, um ihren Bewegungen zu trauen. Denken gelingt nur schwammig. Sie sucht nach etwas, das sie sich wieder fühlen lässt, schnell. Etwas, was sie kennt. Die Enge, der Druck aus dem Krankenhaus tauchen auf. Erst wattig, weich, so stimmt es noch nicht. Sie greift nach dem wattigen Ende und hangelt sich daran entlang, bis sie es wieder fühlen kann, wie sie es kennt. Sie ist auf dem richtigen Weg. Da hat sie auch ihre Arme und Beine wieder unter Kontrolle, fühlt sich im Raum und kann sich wieder bewegen. Tatsächlich, als würde sie schwimmen. In was auch immer sie da schwimmt, sie fühlt einen leichten Sog, dem sie folgt. Zurück geht es ohnehin nicht, und der Sog gibt immerhin eine Richtung vor. Immer noch ist es dunkel, kurz blinzelt sie, dann lässt sie doch die Augen geschlossen. Sie ist erleichtert, wieder ihre Bewegung zu spüren. Der Sog wird kraftvoller, sie schwimmt mit. Sehen oder erkennen kann sie nichts, aber sie scheint sich wieder in einem Gang zu bewegen.

Bald stößt sie seitlich mit den Armen an eine Wand, hat endlich wieder ein Gefühl dafür. Sie muss wieder in einem Gang oder Tunnel sein, anders kann sie es sich nicht vorstellen. Wenn sie versucht, mit den Füßen den Boden zu berühren, kommt alles durcheinander. Das, in dem sie schwimmt, ist vielleicht Wasser, vielleicht nur festere Luft, sie ist sich nicht sicher. Es verwirbelt sich, versucht sie anzuhalten. Sie schlägt gegen Wände, kann den Boden nicht erreichen. Also lässt sie die Versuche und folgt dem Sog in temperaturlosem Wasser. In der Tat, den Traum wird sie sicher nicht vergessen. Der Gang wird enger, bald kann sie keine Schwimmbewegungen mehr machen. Wenn sie die Arme ausstreckt, wird sie schlanker und schützt ihren Kopf. Das Wasser oder das, was sie dafür hält, wird schneller, schiebt sie weiter. Wird es noch enger, wird sie stecken bleiben. Angst lohnt nicht, es geht zu schnell. Und zurück ist nicht möglich. Es ist ein Traum. Die Bewegung ist schnell und hält nicht an. Merkwürdigerweise muss sie nicht Luft holen. Es wird also nur enger, nicht gefährlicher. Immer schneller schießt sie vorwärts, immer wieder schrammt sie jetzt an den Felswänden. Steinern, rau, unregelmäßig und hart, so fühlen sich die Wände an. Felsen. Immer wieder schlägt sie hart an, wird vorbeigeschoben, schrammt sich die Arme, verletzt sich aber nicht ernstlich.

Mit einem Mal, als es so eng wird, dass kein Weiterkommen möglich scheint, schiebt sie eine gewaltige Welle von hinten, sie selber macht sich noch schlanker, streckt sich, will weiter und dann, mit einem Mal, geben die Enge und das Dunkel sie frei. Der Gang spuckt sie aus.

Sie landet – nicht hart, sondern weich, kalt und feucht. Sie kann wieder frei atmen. Sie muss im Freien sein. Kalt und hell ist es, dafür muss sie nicht die Augen öffnen. Und tatsächlich hört sie Wasser. Gurgeln und Plätschern hört sie, ganz nah. Nass und kalt ist das, auf dem sie gelandet ist. Mit den Händen stützt sie sich auf, hebt den Kopf und öffnet die Augen. Sie muss blinzeln. Es ist hell, fast sonnig, sie ist im Freien und liegt im Schnee. Das Wasser? Schnell richtet sie sich auf, fühlt sich zerschlagen, kann sich aber wie gewohnt bewegen, dreht sich um und erkennt, wo sie ist.

Hinter ihr der Berghang, die Quelle. Sie hockt am Hang, dort, wo sie vorhin, wann eigentlich genau, wo sie vorhin Wasser holen wollte, und bevor sie den Raben getroffen hat und das Unwetter losbrach. Genau dort hockt sie jetzt im Schnee. Vorsichtig sieht sie an sich herunter. Ihre Kleidung ist nass vom Schnee, aber längst nicht so nass, als wäre sie durch Wasser geschwommen. Ihre Jacke und die Hose sind verschrammt, als wäre sie durchs Unterholz gekrochen. Sie blinzelt gegen das helle Licht, dreht sich dem Hang zu und tastet vorsichtig den Schnee um die Quelle ab. Sie entdeckt keine Öffnung, durch die sie hätte passen können. Die Quelle entlässt das Wasser aus dem Berg, das ja. Aber kein Eingang einer Höhle, eines Ganges oder auch nur eines natürlichen Rohres ist zu finden. Mit den kalten Händen reibt sie sich übers Gesicht. Ein Traum, ganz eindeutig war das ein Traum. Natürlich ist hier kein Ausgang aus dem Berg zu finden.

An den Sturm kann sie sich gut erinnern, auch an den Rückweg zur Hütte, das Tasten durch den Schnee, das Fehlen des Stromes. An den Balken, den sie von innen vor die Hüttentür gelegt hat. Das alles war echt, das kann sie nicht geträumt haben. Oder doch? Die Bodenklappe in den Dielen der Hütte schon, die war sicherlich vorher nicht da. Dort muss es angefangen haben. Auch einen Keller gibt es nicht unter der Hütte. Das konnte nicht stimmen. Allerdings hatte sich all das sehr real angefühlt. Auch jetzt fühlt sie sich müde und zerschlagen, als wäre sie tatsächlich dort unten durchgewandert. Ein Traum? Dann wäre sie hier im Sturm an der Quelle sitzen geblieben und eingeschlafen. Das nun wieder kann sie sich nicht vorstellen. Sie friert und ist müde. Natürlich friert sie, sie sitzt im Schnee. Ausgekühlt ist sie nicht, was sie sein müsste, wäre sie hier eingeschlafen. Verwirrt versucht sie, alles zu ordnen, und kommt nicht wirklich weiter damit.

Es ist Zeit, zur Hütte zurückzugehen. Das ist etwas sehr Reales, was sie tun kann. Sie schiebt sich nach oben, muss sich dabei abstützen, das rechte Knie schmerzt. Der Wasserkanister fällt ihr ein. Müde holt sie tief Luft, klopft sich den Schnee von der Hose und sieht sich dabei um. Sie kann keinen Kanister entdecken. Aber sie war doch zum Wasserholen hergekommen? Irritiert schiebt sie mit dem Stiefel den Schnee beiseite und tritt dabei gegen etwas Festes. Ein durch den Schnee darüber gedämpftes, hohles Klong. Der Kanister. Schnell gräbt sie ihn aus, ist froh um die Handschuhe, die sie dabei hat. Sie füllt den Kanister noch mit Quellwasser, zieht ihn dann nach oben und verschließt ihn. Denkt darüber nach, ob dieses Wasser wohl dort vorbeigeflossen ist, wo sie gerade war. Schnell schüttelt sie den Kopf. Das war ein Traum, das Wasser hier ist echt, der Kanister ist echt ebenso wie der Schnee, in dem sie steht. Im Traum das sprechende Kaninchen, die Alte aus den Nebeln, die Gänge und Kammern unter der Hütte. Die Schwerelosigkeit. An all das erinnert sie sich, nichts schlittert ungreifbar ins Vergessen, wie das sonst bei Träumen passieren kann. Sie ist traurig. Als hätte sie etwas zurückgelassen, etwas verloren. Als hätte sie eine Wahl gehabt und habe sich nicht richtig entschieden. Noch findet sie sich nicht ganz zurecht. Sie hebt den Kanister auf und steigt den Weg zur Hütte hinunter. Vielleicht klärt sich etwas, vielleicht bleibt es ein Rätsel. Der Schnee knirscht unter ihren Stiefeln, das Quellwasser gluckst aus dem Berg. Sonst ist es still. Kein Wind, kein Sturm. Tatsächlich.

Beim Abstieg sticht bei jedem Schritt ihr rechtes Knie, und es fühlt sich unter der Hose geschwollen an. Erschrocken bleibt sie einen Moment stehen. Geht dann doch weiter. Sie wird sich in der Hütte ihr Knie ansehen, wenn der Herd wieder Feuer hat und die Stube warm ist. Auch das wird sich klären. Offenbar ist sie bei der Quelle gestürzt, vielleicht ja aufs Knie. Vielleicht aber auch im Keller. Deutlich sieht sie den Absatz in der ersten Kammer vor sich. Noch zu deutlich kann sie sich an den Sturz erinnern.

Am Fuße des Hügels kann sie die Hütte sehen. Die steht wie immer, der Platz davor ist so, wie sie ihn kennt. Der Schnee, der Holzhaufen nahe des Waldrandes. Die aufgebrochene Schneedecke nach dem Graben nach den Holzscheiten. Spuren eines schweren Sturmes kann sie nicht entdecken.

In den Fenstern der Hütte brennt Licht. Also doch ein Traum, nur ein Traum. Natürlich. Nur noch die Tür. Sehr gut kann sie sich erinnern, den schweren Balken vorgelegt zu haben. Mit einem Rest Unsicherheit stellt sie den vollen Kanister vor der Tür ab und drückt gegen den hölzernen Türknauf. Die Tür gibt nach und öffnet sich nach innen. Mit Erleichterung sieht Katharina die offene Tür, aber auch mit Bedauern. Eine verschlossene Tür hätte die Reise unter die Hütte für echt erklärt.

Den schweren Kanister nimmt sie wieder auf und trägt ihn hinein. Sie stellt ihn ab und blickt auf die Dielen vor dem Ofen. Die sehen aus wie immer. Keine Klappe, keine Kellertreppe.

Im Ofen glimmen noch glühende Holzscheite. Zu lange kann sie also nicht draußen gewesen sein. Noch leidlich warm ist es hier drin, und Katharina steht vor dem Herd, neben sich den abgestellten Kanister, schaut auf die Dielen und fühlt sich müde und zerschlagen, als wäre sie tatsächlich lange unterwegs gewesen. Die Glut im Ofen, das noch angewärmte Zimmer, sie selbst, die nicht ausgekühlt war, sprechen dagegen.

Also schüttelt sie das Durcheinander mit einer schnellen Kopfbewegung zunächst ab, zieht ihre Jacke, die Handschuhe und die Stiefel aus, bläst die Glut im Ofen wieder wach und legt zwei frische Holzscheite auf.

Dann nimmt sie sich eine Packung Kekse aus der Kiste mit den Lebensmitteln und reißt sie auf. Sie hat Hunger, ist aber zu müde, um etwas zu kochen. Einen Kessel mit Wasser stellt sie auf den Herd. Die Kekse haben nie würziger und voller geschmeckt. Die Packung hält sie in der Hand, während sie einen Keks nach dem anderen kaut. Sie starrt dabei auf die Zutatenliste und versteht nicht, was sie da liest. Im Kessel wird das Wasser heiß. Das gießt sie dann in einen Becher und trinkt es, ohne Tee hineinzugeben. Das erscheint ihr gerade zu aufwendig. Dann setzt sie sich auf einen Stuhl, hört das Feuer hinter der Herdklappe, kaut die Kekse und trinkt das heiße Wasser. Ganz egal wie sich die letzten Stunden, ihr kommt es wie Stunden vor, aufklären, für sie fühlt es sich an, als wäre sie dort unten gewesen. An alles kann sie sich erinnern. An das Kaninchen, an die Alte aus den Nebeln mit den wechselnden Gesichtern. An jedes Wort der Gespräche. An den Bergriesen und den Waldzwerg. An das Pendel, an das Ausweichen. Das kann sie im Körper fühlen, als stünde sie gerade jetzt vor dem Pendel. An den dunklen Raum, das Gefühl, sich aufzulösen. Was sich wunderbar anfühlt und fürchterlich zugleich. An den Sog in dem dunklen Gang, daran, nicht zurückzukönnen. Den Raben. All das war echt, auch wenn sie nicht erklären kann, wie alles passiert sein kann.

Als ihr erster Hunger gestillt ist, spürt sie die tiefe Müdigkeit. Sie ist sich nicht ganz sicher, wie lange sie denn nun unterwegs war. Abgesehen vom Wo. Sie kann sich mühsam erinnern, dass morgen Irmelin zum Essen kommen wollte. Oder war heute schon morgen?

Egal, jetzt musste sie schlafen. Es war jetzt gleichgültig, ob vielleicht Irmelin in der Hütte stehen würde. Dann würde sie aufwachen und weitersehen. Jetzt schlafen und dann sehen, was von allem noch wirklich war.

Noch zwei Scheite Holz legt sie in das wieder wache Feuer, lässt das Licht an und geht in die Kammer.

Als sie die Hose auszieht, sieht sie auf ihr geschwollenes rechtes Knie. Ein Bluterguss ist zu erkennen, die Haut ist unverletzt. Ungläubig sieht sie auf das Knie, erinnert sich wieder an den Sturz in die erste, runde Kammer und klettert unter ihre Decke. Nur ein Traum, es war nur ein Traum. Wahrscheinlich hat sie sich an der Quelle irgendwo an einem Fels oder einem Ast gestoßen.

Sie denkt an Kühlpacks, an Voltaren-Salbe, sie ist Ärztin, nichts davon hat sie dabei. Sie wird morgen mit Schnee und einer Plastiktüte einen Eisbeutel basteln. Jetzt erscheint ihr der Weg nach draußen unmöglich weit.

Bleiern müde denkt sie nicht weiter und wird sofort in einen tiefen Schlaf gespült.

✳

Der kleine Beobachterwind hängt im Tal, beobachtet den Hang und den großen Fremden. Wieder ist etwas anders. Ungläubig umweht der kleine Wind den Hang und glaubt nicht, was er da findet und fühlt. Der große Fremde und der Hang und das, was sich möglicherweise dahinter geschlichen hat, das alles scheint ihm verändert. So überraschend scheint es ihm, dass er nicht gleich erkennt, was er da findet. Und doch. Der große, uralte Fremde, vor dem er sich immer noch verstecken will, der alte Fremde scheint zufrieden.

*

Katharina erwacht nur schwer und langsam. Träge schält sie sich aus dem Schlaf, sieht durch das enge Fenster im Schlafraum dämmeriges Licht. Bleibt liegen und weiß nicht, ob sie nur den Tag verschlafen hat oder auch die Nacht. Gehört die Dämmerung in den Morgen oder in den Abend? Ohne sich zu bewegen, bleibt sie liegen, genießt das Auftauchen aus dem Schlaf und das Unklare der Dämmerung und tastet nach Träumen. Nichts. Sie hat einfach nur geschlafen. Kein Traum ist zu finden. Also tastet sie weiter zurück. Zurück zu ihrer Wanderung unter die Hütte. Es gibt keinen Keller, es gibt keine Bodenklappe, der Sturm erscheint ihr fraglich, auch die Hüttentür war nicht mit dem Balken verriegelt.

Aber es gab die Reise, die Wanderung unter der Hütte. Durch Kellergänge und Räume. Sie war lange dort unten unterwegs, auch wenn sie ihrem Zeitgefühl gerade nicht allzu weit traut. Nichts hat sie vergessen. Das Kaninchen, der Rabe, die Alte aus den Nebeln, das Ausweichen vor dem Pendel, sie kann sich an alles erinnern, an jedes Wort. An das Schweben im Dunkel. An das Gefühl, die Grenzen zu verlieren und eins mit allem zu sein, was sie nicht gut beschreiben kann und was sie nicht gut aushalten konnte. Sie hat nach dem Ersten gegriffen, was ihr einfiel, um sich und die Grenzen wieder zu fühlen. Für die Kämpfer in ihrer Geschichte, die sie vom Raben bekommen hat, waren es die Kämpfe und Streitereien. Auch sie selber hatte es nicht ausgehalten, hatte sich nach ihren kleinen Streitereien und dem

Ärger zurückgesehnt, den sie kannte, der stark genug war, dass sie sich und ihre Grenzen finden konnte. Auch sie hatte, wie die Kämpfer in der Geschichte, das große Gefühl, das so herrlich und doch so schlecht zu beschreiben war, ausgeschlagen. Der Rabe hatte Wort gehalten, oder besser die Hütte. Beide. Er konnte ihr die Antwort auf ihre Frage nicht erklären, aber er hatte Wort gehalten. Die Hütte wusste die Antwort und hatte sie ihr gezeigt. Nur so konnte sie es auch verstehen. Dass ihr Krankenhausärger ihr mal so nützlich sein konnte. Sie lächelt bitter, als sie sich an den Ärger erinnert, der ihr gerade merkwürdig unwirklich vorkommt. Unwirklicher als die Wanderung unter der Hütte.

Die Dämmerung vor dem Fenster wird heller. Es wird also Morgen, und sie hat den gestrigen Tag und die Nacht verschlafen. Sie horcht nach draußen. Kann keinen Sturm hören.

Der Sturm gestern war mächtig. Stärker als jeder Sturm, den sie bisher erlebt hat. Egal, ob real oder nicht. Ihr schmerzendes Knie ist real, wenn vielleicht auch der Ort des Sturzes nicht real war. Den Widerspruch nimmt sie hin.

Als sie an das Knie denkt, ihr Bein bewegt und der Schmerz stechend zu spüren ist, wird sie endgültig wach. Sie setzt sich, die Decke um sich gewickelt, im Bett auf und sieht durch das kleine Fenster. Schnee, diesige Helligkeit, kein Sturm, kein Rabe. Hat sie den erwartet? Würde sie mit ihm reden wollen? Sie schüttelt sich, steigt aus dem Bett, beeilt sich beim Anziehen und muss sich für Strümpfe und Hose wieder aufs Bett setzen. Das schmerzende Knie behindert sie beim Stehen auf einem Bein.

Zügig zieht sie um in die große Kammer. Sie heizt den Herd ein, setzt den Wasserkessel auf, bereitet den Kaffeefilter vor. All das erledigt sie mit Handgriffen, die die Hütte längst gewohnt sind. Und doch scheint alles heute ein wenig langsamer zu gehen als an den anderen kalten Morgen. Als gehe sie sich selber hinterher und sehe sich bei allem in Zeitlupe zu.

Selbst durch das Kaffeepulver im Filter knistert sich das Wasser heute langsamer als sonst.

Mit der ersten Tasse voll heißem Kaffee geht sie nach draußen, stellt sich vor die Tür und blinzelt in den Schnee. Der Platz um die Hütte fühlt sich freier an als noch in den letzten Tagen. Das kann am ausbleibenden Sturm liegen. Als hätte der Wind, der Berg, den Griff um die Hütte gelockert. Sind sie weitergezogen? Die Reiter? Die Jagd? Der Sturm? Als Katharina merkt, dass sie die Fichten am Waldrand mustert und wohl nach dem Raben sucht, schüttelt sie lächelnd den Kopf. Doch, sie hält es für möglich, ihn zu sehen. Darüber muss sie lächeln. Der erste Schluck heißen Kaffees brennt auf dem Weg zum Magen. Er ist stark, fängt ihre Aufmerksamkeit ein und macht sie klarer. Allein, die Gelassenheit bleibt. Und die Langsamkeit des Morgens.

Es ist kalt und still und Katharina steht in der offenen Tür und mustert die Fichten am Waldrand. Es ist still. So, wie sie sich den Wald hier oben an der Hütte vorgestellt hat, als sie losgefahren ist. Noch einen Schluck vom heißen Kaffee und sie wendet sich wieder um und kehrt in die Wärme der Hütte zurück.

Sie frühstückt nur wenig. Sie hat keine Lust, sich wirklich ein Essen zu machen, schmiert Frischkäse auf die Kekse, als wären sie Brote, und trinkt dazu weiter Kaffee. Dann bleibt sie lange auf der Küchenbank sitzen, tut nichts und fühlt immer wieder die Wanderung unter der Hütte. Sie denkt nicht, denken wäre anders. Sie fühlt sich tatsächlich immer wieder durch die Kammern dieses eigenartigen Kellers ziehen. Fühlt sich langsam dabei und ausgesprochen gut. Erklären kann sie das nicht. Will sie auch nicht. Niemand ist da, dem sie es erklären muss. Auch sie selbst fordert keine Rechenschaft, fordert nicht, dass etwas logisch sein müsste. Das ist neu. Etwas fühlt sich sehr richtig an. Ohne Regeln, die sie beachten müsste. Ohne, dass Regeln ihr überhaupt einfallen. Ohne, dass sie nach ihnen sucht. Irgendwo mitten im Bauch kann sie fühlen, dass alles richtig ist.

Ihr Knie fällt ihr wieder ein, sie bewegt das Bein, es schmerzt. Auch wenn es deutlich weniger geschwollen ist. Sie nimmt eine Plastiktüte aus ihrer Kiste, geht nach draußen und schaufelt Schnee in die Tüte, die sie dann verknotet.

Die legt sie sich dann auf das Knie, nachdem sie erneut Holz im Herd nachgelegt und sich mit dem Buch und einer Decke auf die Bank gesetzt hat. Nach einer Weile merkt sie, sie starrt auf die aufgeschlagenen Seiten des Buches und liest nicht.

Das Buch legt sie also wieder weg, schiebt Decke und Kniekühlbeutel beiseite, holt sich Papier und einen Stift und will die Wanderung unter die Hütte aufschreiben. Es erscheint ihr wichtig. Nichts davon soll verloren gehen. Nichts will sie vergessen. Aber auch das gelingt nicht. Alles, was sie aufschreibt, erscheint ihr hölzern. Beschreibt zwar den Weg dort unten, aber nicht, was passiert ist. Nach kurzer Zeit hört sie auf damit, lehnt sich an und wickelt die Decke fester um sich. Schließt die Augen und findet das Gefühl im letzten Raum wieder. Das Schweben im Nichts, nein, im Dunkeln. Alles war eins, alles kann werden. Weil noch nichts ist, in diesem Dunkel. Sie lächelt.

Im Alltäglichen ist dieses Gefühl nicht zu gebrauchen, das weiß sie sofort. Sie erinnert sich, warum es ihr Angst gemacht hat. Sie weiß jetzt sehr gut, warum sie nach ihrem Ärger gegriffen hat, um wieder zu fühlen, wie sie es kennt. Sich selbst zu fühlen braucht ein Außen. Dort unten in diesem Dunkel war der Ärger das Außen, was sie greifen konnte. Vielleicht findet sie ja ein Außen, etwas, um sich im Dunkeln zu fühlen, auch ohne Ärger, dort unten war es ihr nicht möglich. Das macht sie nicht unzufrieden, sie bemerkt es aber. Das herrliche, schwebende Gefühl ist im Alltag nicht zu gebrauchen, das weiß sie, aber sie kann es finden und besuchen gehen. Das weiß sie nun auch. Sie fühlt sich, als hätte sie ein Geschenk vor sich liegen und packt es besser noch nicht aus, um die Vorfreude länger auszukosten.

Irgendwann fällt ihr ein, dass Irmelin heute hier heraufkommen will. So hatten sie es verabredet. Und sie, Katharina, würde das Essen kochen. Also schält sie sich träge aus der Decke, legt erneut zwei Holzscheite im Herd nach. Aus ihrer Kiste mit den Lebensmitteln kramt sie heraus, was sie braucht. Die breiten italienischen Nudeln, Zucchini, Pilze, Auberginen und Tomaten. Dreht jedes Gemüse in den Händen und betrachtet es. Alles sieht einwandfrei aus, die Tage in der Hütte haben ihm noch nicht geschadet. Katharina weiß, was sie kochen wird. In der Schlafkammer kramt sie ihr Handy aus der Reisetasche, um nach der Uhrzeit zu sehen. Sie haben sich für den Nachmittag verabredet. Der Hüttenkeller und die Erinnerung haben sie rechtzeitig entlassen, und es ist Zeit, das Gemüse vorzubereiten. Sie halbiert die Auberginen und schneidet die Hälften dann in lange, dünne Streifen. Bestreicht sie von beiden Seiten mit Salz und lässt sie kurz in Öl auf einer Pfanne anschmoren. Legt die Streifen dann wieder auf einem Teller ab. Sie schneidet die Pilze, Zucchini und Tomaten in kleine Stücke. Setzt Wasser für einen Tee auf den Herd.

Irgendwann klopft Irmelin an die Tür, schält sich aus ihrem Wintermantel und setzt sich auf die Bank. Den angebotenen heißen Tee nimmt sie gern. Beim Gemüseschneiden lässt Katharina sich nicht helfen, und Irmelin drängt offenbar nicht danach und beobachtet die Junge beim Kochen.

In einem großen Topf sprudelt irgendwann das Nudelwasser, und Katharina gibt die breiten Bandnudeln hinein, salzt, gießt einen Schuss Öl dazu und rührt kurz um. Nudeln brauchen Platz im Topf. Danach schmort sie erst die klein gehackten Zwiebeln und dann das Gemüse an und gibt die vorbereiteten Auberginenstreifen dazu. Salzt. Würzt mit Pfeffer, Basilikum und Thymian und ein wenig Oregano. Immer nur wenig Oregano, so hatte sie es als Kind von der Schwester ihrer Mutter gelernt. Oregano sei wie eine Frage an das Essen, also immer nur wenig. Was mit der Frage gemeint war, hatte die Tante nie erklärt. Geblieben war, dass sie mit Oregano vorsichtig umgeht. Zu viel Frage im Essen will sie nicht.

Sie gibt gewürfelten Schafskäse dazu und rührt, bis alles eine dicke, soßige Konsistenz hat. Kostet und ist zufrieden. Auch wenn sie mit einem Mal versteht, dass dieses Essen ein vollkommen anderes Gewicht hat als die Gemüsesuppe der Irmelin. Dass eben diese schwere, satte Suppe genau richtig in den Tagen des Sturmes gewesen war. Erstaunt erzählt sie Irmelin von dieser Entdeckung, schreckt die Nudeln ab und gibt sie in die Pfanne zu dem Gemüse, verrührt alles und sucht dann Teller aus dem Schrank. Bei alledem ist die herrliche Gelassenheit des Vormittages geblieben. Irmelin sieht ihr zu, nickt und schmunzelt wohl über die Entdeckung der jungen Frau. Gegen das heutige Essen hat sie aber nichts einzuwenden.

Irmelin beobachtet die Junge beim Kochen. Auch ihr fällt die Gelassenheit auf. Etwas ist anders. Noch kommt sie nicht dahinter, was es ist. Auch die Hütte scheint zufrieden. Das hat sie schon auf dem Weg hier hoch gespürt. Sie wird abwarten.

Mitten auf den Tisch stellt Katharina die große Pfanne auf ein Holzbrett und schöpft mit einer Kelle auf beide Teller. Sie essen. Irmelin trinkt Tee, Katharina heute auch.

Alles fühlt sich sehr normal und alltäglich an. Kein Lauern. Als wäre der Sturm der letzten Tage und Nächte nicht gewesen.

Sie erzählen. Ganz normal und alltäglich. Von ihren Familien, von dem, was sie tun. Katharina erzählt von den Schwestern, Irmelin von ihrem Hof, der schon der Hof ihrer Eltern war.

Katharina erzählt von ihrer Arbeit im Krankenhaus. Von dem, was sich verändert, von Regeln und Vorschriften, vom Wegsehen und von Ausreden. Als sie erzählt, wie es sich anfühlt, bemerkt sie einen erstaunlichen Abstand, zwar ist sie noch beteiligt, aber sie betrachtet das Ganze von außen. Wie das Pendel. Sie sieht auf das Pendel und weicht ihm aus.

Irmelin kaut und sagt leise: »Ja, so fühlt sich's an, wenn Bergriese und Waldzwerg streiten.«

Katharina stutzt, sieht die alte Frau groß an, hat den Rest ihres Satzes vergessen, den sie gerade angefangen hat, und wohl auch die Gabel, die auf halbem Weg zu ihrem Mund in der Luft schwebt.

»Wie bitte?«

Sicherlich hat sie sich verhört.

»Ach, eine uralte Legende«, sagt Irmelin nur.

Katharina legt die Gabel wieder auf ihrem Teller ab, und ganz vorsichtig, als würde sie über die noch dünne Eisdecke eines gerade zugefrorenen Flusses gehen, fragt sie nach der Legende.

Irmelin kaut weiter, es schmeckt ihr. Sie will eine zweite Portion. Katharina gibt ihr gern nach und sieht sie fragend an.

Als wäre es nicht wichtig, ganz beiläufig, erzählt ihr Irmelin zwischen zwei Bissen vom Streit des Riesen und des Zwergs, und welche Angst die Menschen in dieser Zeit hätten, wenn die beiden aneinandergerieten.

»Bis sie sich wieder vergessen«, murmelt Katharina. Nun blickt Irmelin überrascht auf.

»Und sich viel später wieder aneinander erinnern und der Streit und die Angst von Neuem beginnt. Ja.«, ergänzt Irmelin. »Du kennst die Geschichte?«

Natürlich kenne ich die Geschichte. Es ist ja meine, ich hab sie ausgedacht. Sie hat sich auf den Weg gemacht, wie so Geschichten es offenbar tun, und nun erzählst du sie wie eine von den uralten Geschichten. Das will Katharina sagen und sieht die Alte mit großen Augen an.

»Ja, ich kenn sie«, sagt sie stattdessen und weiß, sie kann nicht behaupten, sie hat sie sich ausgedacht, weil die Geschichte sich doch längst auf den Weg gemacht hat und zu einer der alten Geschichten des Berges und der Gegend geworden ist.

Prüfend sieht Irmelin sie einen Moment an, nickt dann knapp und isst weiter, als wäre die Geschichte tatsächlich nebensächlich.

Die nächsten Tage werden leichter. Der Sturm ist abgeklungen, und der Wald fühlt sich endlich an, wie Katharina es sich gedacht hat, beim Herfahren.

Still, weiß und langsam.

Der Rabe taucht wieder auf, sitzt immer wieder auf derselben Fichte gegenüber der Haustür. Im Traum erscheint er Katharina nicht mehr. Sie hat sich angewöhnt, ihm grüßend zuzunicken, wenn er auf der Fichte hockt. Natürlich reagiert er nicht auf den Gruß.

Heute, der Himmel ist klar und freundlich, macht sie sich erneut auf den Weg zum Bach. Sie stapft durch den Schnee, hört nur das Knirschen des Schnees unter ihren Stiefeln und ihr eigenes Schnaufen beim Anstieg. Kein Sturm, kein Wind. Denkt eigentlich über nichts nach, sie ist weiterhin gelassen, wie am Morgen nach dem Gang unter die Hütte, und langsam. Schritt für Schritt steigt sie auf und sieht ihren Gedanken nach, sobald sie auftauchen. Erscheint das Krankenhaus, dann spürt sie zugleich das Pendel und den Abstand. Kann mühelos ausweichen. Sie kann sich alles von außen ansehen. Das Wegsehen, das Ausreden finden, Dinge machen, für die sie die Bedingungen nicht bestimmen kann, alles kann sie sehen, und es erscheint ihr nicht mehr schlimm. Doch, es geht sie etwas an, es ist ihre Arbeit, es sind ihre Kollegen, es sind ihre Probleme. Nur, kann sie sie betrachten, kann ausweichen und wird nicht überrollt. Das Fadenende bekommt sie zu fassen und der Gedankenknäuel löst sich auf. So gänzlich, dass sie gar nicht mehr sicher ist, ob es ein Gedankenknäuel gab.

Schnaufend muss sie anhalten, stützt sich auf den Oberschenkeln ab und blinzelt nach oben gegen den Berg und die Sonne. Den Weg kennt sie, es ist nicht mehr weit zum Bach, gleich sollte der Anstieg flacher werden und sie auf dem Hochplateau ankommen. Nach ein paar Schritten erreicht sie die Kante des Plateaus, und von nun an geht es leichter. Schnell findet sie den Bach, findet die Stelle, an der sie vor Tagen gestanden hat und das erste Mal an Bergriese und Waldzwerg gedacht hat. Es ist hell geblieben, die Sonne hat noch keine Kraft, aber sie ist hell. Katharina steht am Bach, hört auf das Gurgeln des Wassers. Und genauso leicht, wie sie das Pendel finden kann, sucht sie jetzt die Dunkelheit, in der sie geschwommen ist. Das Dunkel, das sie selbst war. Der Ort, wo nichts ist und wo alles entstehen kann. Der Ort, aus dem Geschichten wirklich werden können, aus dem, was auch immer wirklich werden kann. Einen Moment hält sie tatsächlich die Luft an, aus Angst, ihre Idee könnte zerplatzen, bevor sie sie hören kann. Und da weiß sie es. Sie muss es nicht erklären können, sie kennt den Ort, wo sie ihre Wirklichkeit finden kann. Sie weiß, wie es sich richtig anfühlt. Irgendwo mitten im Bauch, das ist nicht neu. Jetzt weiß sie aber auch, wo sie hingehen kann, um dieses Gefühl zu finden. Es geht nicht um das Krankenhaus, es geht nicht um die andern. Solange sie die Dunkelheit unter der Hütte finden kann, solange sie den Ort findet, wo ihre Wirklichkeit wach wird, ist sie nicht mehr ausgeliefert. Niemandem. Wenn doch die Geschichte um einen Waldzwerg und einen Bergriesen wirklich werden kann, wenn die Alte aus den Nebeln ihr ein Pendel zeigt, was sie jederzeit wiederfinden kann, wenn ein Gedankenknäuel sich lösen kann und ihr nicht mehr wehtut, und eine Angst und eine Jagd sich auflöst in Langsamkeit und Vergnügen, wer weiß, was sonst noch alles aus diesem Dunkel möglich ist.

Tief atmet sie ein und lächelt. Sie dachte doch tatsächlich, sie müsse noch einmal zum Bach steigen, um dem Riesen und dem Zwerg auf die Schliche zu kommen. Das ist ein Irrtum. Der Bach ist schön, die Sonne auch, aber dafür nicht wichtig. Jederzeit kann sie wieder hier sein, egal, wo sie sich befindet. Jederzeit kann sie den Berg finden, die Dunkelheit unter der Hütte.

Also dreht sie um, stapft den Weg zurück in ihren eigenen Spuren und findet zur Hütte. Langsam geht sie, lässt sich Zeit für den Weg. Als sie unten ankommt, dämmert es bereits, und in der Hütte brennt das Licht, das sie beim Losgehen angelassen hat. Sie lässt die Tür hinter sich zufallen, klopft den Schnee von den Stiefeln und steht in der Wohnstube mit dem Herd und ihren immer noch nicht wirklich ausgepackten Kisten. Sie sieht sich um. Morgen wird sie ein letztes Mal die Holzvorräte auffüllen. Heute noch wird sie all ihren Kram zusammenpacken, um morgen abzufahren.

Sie will nach Hause.

Als sie am nächsten Tag mit dem Schlitten ihr Auto erreicht hat, muss sie erst einigen Schnee beiseiteschieben. Durch die dicken Fausthandschuhe hindurch friert sie dabei nicht, ihre Hände bleiben warm. Dann packt sie die Lebensmittelkisten und ihre Tasche ins Auto, schließt wieder ab und macht sich erneut auf den Weg nach oben, um den Schlitten zurückzubringen. Die langsame Leichtigkeit, die sie seit dem Erlebten im Keller fühlt, hält an.

Es strengt sie kaum an, den Schlitten wieder nach oben zu ziehen. Ein letztes Mal sieht sie sich in der Hütte um, geht durch die Zimmer, nachdem sie den Schlitten verstaut hat. Alles ist, wie es sein soll. Sorgfältig verschließt sie die Tür, versteckt den Schlüssel dort, wo sie ihn beim Ankommen herausgezogen hat, und macht sich erneut an den Abstieg zu ihrem Auto.

Einen kurzen Moment hat sie Sorge, aber der Wagen lässt sich problemlos starten. Sie wendet und folgt dem Forstweg nach unten. Im Schnee rollt der Wagen leise. Das Radio schaltet sie nicht an. So bleibt sie noch im Wald, am Berg. Am liebsten würde sie den Motor ausschalten und nur den Hang hinunterrollen, aber das wäre natürlich unsinnig. Immer noch ist sie langsam und still. So, wie der Hüttenkeller sie entlassen hat.

Am Hof der alten Irmelin, an dem der Forstweg vorbeiführt, hält sie an.

Den Wagen lässt sie vor dem Hoftor stehen, steigt aus und tritt durch das Tor. Zunächst steht sie einen Moment und sieht sich um, dann erkennt sie das Wohngebäude. Längst ist sie gesehen worden.

Irmelin öffnet die Haustür und winkt sie herein.

Sie verabschieden sich voneinander, und als sie dort in der Küche der Irmelin stehen, will Katharina doch noch eines wissen. Es war ihre Geschichte, die vom Zwerg und dem Riesen, die sich auf den Weg gemacht hat. Sie war in der Welt und unterwegs und echt, weil sie sie sich ausgedacht hatte, oben am Bach. Also versucht sie es und erwähnt möglichst beiläufig: »Die Alte aus den Nebeln wird Zwerg und Riesen nicht versöhnen, das kann sie nicht. Aber sie kann denen im Tal zeigen, wie sie der Angst entgehen.«

Das nun ist etwas, was nur sie, Katharina, wissen kann. In der zweiten Kammer hat sie es gesehen.

Die alte Irmelin hält inne in ihrer Bewegung, die sie gerade auf den Ausgang zumacht, sieht Katharina an und lächelt. Tatsächlich lächelt sie, nach all den prüfenden Blicken bisher.

»Ja, so erzählt man sich.«

Klopft der Jungen auf die Schulter und schiebt sie damit nach draußen.

Auch Katharina, die sich hinausschieben lässt, lächelt. Irmelin weiß auf einmal auch von der Alten aus den Nebeln. Ganz sicher ist sie jetzt. Es stimmt. Die Geschichten werden wirklich, weil sie sie denkt.

»Vielleicht kommst du ja wieder.«

Die Alte winkt ihr nach, als Katharina ebenfalls winkend vom Hof auf ihr Auto zugeht.

Nachdenklich sieht Irmelin der Jungen nach, die aus dem Hoftor geht. Hört, wie die Autotür zugeschlagen wird, der Motor anspringt und sieht den Wagen an der Einfahrt vorbeirollen.

Er verschwindet schnell aus ihrem Sichtfeld. Bald schon kann sie ihn nicht mehr hören. Der Wald schließt sich wieder hinter dem Auto, und sie, Irmelin, ist mit dem Wald und dem Berg allein.

Erstaunlich. Von der Alten aus den Nebeln weiß die Junge, vom Bergriesen und vom Waldzwerg offenbar auch. Wirklich erstaunlich. Wäre es möglich, dass es doch gehen kann? Ist es möglich, dass die doch dem Berg zuhören kann?

Wenn's so war, würde die sicher wieder den Weg hier herauf finden, und dann ließe sich sehen, ob es weitergeht und was sie ihr erklären kann. Zufrieden mit sich, mit der Jungen und dem Gedanken nickt sie dem längst verschwundenen Auto nach. Sie horcht auf den Widerspruch des Raben. Der kommt nicht, also wird's so richtig sein.

*

Der kleine Wind ist verstört. Noch hält er sich im Tal auf, ist in seinem Wesen Neugier und hat den uralten, fremden Wind abziehen sehen. Er ist froh, dass er nicht entdeckt worden ist. Nur hat er nichts verstanden. Er hat nicht erkennen können, was passiert ist, obwohl er zugesehen hat. Er hat verpasst, den Weg zu nehmen, der sich einen Moment aufgetan hatte. Das kann ihn nicht zufrieden machen. Er ist Neugier. Und doch wird er so weiterziehen müssen. Er hat nichts erfahren können und trägt von nun an eine Frage mit sich.

*

Die Hütte hockt am Hang, wie sie es immer tut. Sie lässt Katharina ziehen und befindet es für richtig, dass die nicht vergisst.